De las palabras y el silencio

ZOÉ VALDÉS

De las palabras y el silencio

Un desafío literario contra el totalitarismo y la injusticia

SEKOTIA

SEKOTIA
www.sekotia.com
@sekotia

© Zoé Valdés, 2025
© Editorial Almuzara, S. L., 2025

Primera edición: enero de 2025

SEKOTIA • COLECCIÓN REFLEJOS DE ACTUALIDAD
Editor: HUMBERTO PÉREZ-TOMÉ ROMÁN

info@almuzaralibros.com
Parque Logístico de Córdoba. Ctra. Palma del Río, km 4
C/8, Nave L2, nº 3. 14005 - Córdoba

Imprime: Gráficas La Paz
ISBN: 978-84-19979-55-1
Depósito legal: CO-2029-2024
Hecho e impreso en España - *Made and printed in Spain*

ÍNDICE

Y les aseguro que estaré con ustedes siempre,
hasta el fin del mundo.
Mateo 28:20

La paz no es solo la ausencia de guerra,
sino la presencia de justicia.
Golda Meir

El propio Jesús dijo explícitamente: «No he venido a cam-
biar ni una sola letra de la Torá». Si los judíos lo hubiesen
aceptado, la Historia en su totalidad habría sido completa-
mente distinta. La Iglesia no se habría erigido en absoluto. Y
tal vez toda Europa habría adoptado una especie de versión
suave y refinada del judaísmo. Así nos habríamos ahorrado
el exilio, las persecuciones, los pogromos, la Inquisición, los
libelos de sangre, los decretos de expulsión y el Holocausto.
Amos Oz

PREFACIO

Nunca he escrito por venganza, no contemplo la venganza como una forma de redención literaria, mucho menos para pedir perdón, ni para redimirme de nada ni de nadie. Pero esta vez considero muy necesaria la revancha, o desquite, o desafío, si les resulta más apropiado, no solo para mí, sino para que, desde mi ínfimo lugar, que me he merecido con mi trabajo, pues a mí nunca nadie me ha regalado nada, tal vez consiga alumbrar en lo que pueda, con vivencias y con ideas, a las nuevas y futuras generaciones en contra del totalitarismo y del antijudaísmo y anticristianismo, que son capaces de adoptar numerosos rostros y disfrazarse con cientos de miles de trajes.

Nunca la venganza me ha movido en nada; generalmente, cuando alguien me hace daño intento olvidar la herida que me ha abierto, y sigo adelante con la intención de que esa perturbadora experiencia no deforme mi percepción con relación a otras personas y no destruya mis ansias de generosidad y solidaridad. Sin embargo, confieso que esta vez no he podido evitar que esa venganza nutra mi decisión a la hora de garabatear estas ideas para explicar lo que, como supondrán, yo misma no necesito explicarme a mí misma, aunque por lo visto otros si necesitan de esa explicación.

En la mayoría de los casos, la venganza no conlleva más que al odio, ese odio que algunos se arrogan como derecho enmascarándolo bajo el concepto socialista de «justicia social», salvo cuando se trata del caso cubano y judeocristiano. Los cubanos somos una vez más los únicos, como los judeocristianos, a los que se les niega el derecho a la justicia, mucho menos al odio, ¡qué horror! Inclusive si hemos sido los seres humanos —¿o debo decir seres cubanos?— que más odio e indiferencia hemos recibido de parte del mundo, lo que ocurre desde hace más de sesenta y cuatro años... Aclaro: este libro lo empecé a escribir el 21 de septiembre del 2023, de modo que, si no se publica de inmediato o no se llegara a publicar nunca, si les llegase algún día a sus manos y todavía existe en pie la tiranía castrocomunista en Cuba y el mundo en el que actualmente vivimos, añádanle años, horas, minutos y segundos correspondientes, y en consecuencia podrán actualizarlo.

Soy cubana, vengo del futuro, como diría Reinaldo Arenas. ¿Está todo dicho en los tiempos que corren, de censura, represión, clausura, cancelación y desprecio por la obra de los mayores? No, para nada; hay que ahondar, enseñar, desmenuzar, y, sobre todo, extraer a los que censuran, reprimen, clausuran, cancelan y desprecian de sus pobres mundillos confortables.

Tampoco escribo para justificarme ante nadie, porque he vivido bajo una tiranía y he sobrevivido en el exilio, sola, donde no se ha sabido entender a las víctimas de esa tiranía castrocomunista, no porque no sea evidente, sino porque no hemos interesado a nadie, porque han menospreciado nuestro aporte. ¡Y miren que hemos aportado...! Creo que los cubanos del exilio podríamos competir con los israelíes en haberle dado a numerosos países, sobre todo a Estados Unidos, una gran cantidad de científicos, médicos, deportistas, escritores, músicos, poetas y hasta astronautas, la mayoría huidos, sus padres o los hijos, del totalitarismo comunista castrista.

Nunca me interesó la política, pero «yo le intereso a ella», como dice la canción de un cantautor que un día pertenece orgullosamente al castrismo y otro está del lado que convenga para su éxito individual, su problema o «su maletín», como diría el argot cubano; se trata de Carlos Valera. Tampoco pude ser oportunista ni en Cuba ni aquí, no lo he sido aquí en el exilio ni en el cosmos, aunque en numerosas ocasiones me han ofrecido la oportunidad, no de viajar al cosmos, pero sí de traicionar: «si te callas, te perdonamos». Pero no quiero ni necesito el perdón de los asesinos ni de sus secuaces. «Si te callas, ganarás más, llevaremos una de tus obras al cine…». Bah, con lo que me importa a mí el cine actual; como no sea el sudcoreano o el japonés, o el de la época dorada de Hollywood, que ya ese resultaría imposible que no fuese también víctimas del *wokismo*, ese movimiento denominado *woke* tan sumamente empobrecedor de espíritu, desgajado de la tecnocracia y de la izquierda ignorante.

Fui de izquierdas, en Cuba lo eras de forma obligada. Es más, solo se puede ser de izquierdas si se ha vivido bajo una dictadura comunista, y, aun así, pese a lo padecido, se sigue siendo por inercia o por robotismo de eso que llaman izquierdas.

En Cuba no existía ni existe la izquierda ni la derecha, ni lo liberal y el conservadurismo. En Cuba es comunismo a pulso: abuso, robo, corrupción, crimen a la orden del día.

En Cuba no existe otro feminismo que el femicomunismo castrista, o sea, el feminismo que canta las loas del comunismo, así como solo se autoriza a los homosexuales castristas, ahora, después de aquellos campos de concentración (UMAP, Unidades Militares de Ayuda a la Producción) creados por el propio Che Guevara, el asesino de La Cabaña (prisión en Cuba), el del tiro en la nuca contra tantos cubanos, incluidos adolescentes.

En Cuba, mediante mi trabajo en soledad y encierro, fui de izquierdas a mi manera, feminista a mi manera y defensora de la elección de los demás y de sus derechos a mi manera, que sin saberlo era la manera más propia a lo que siempre se ha llamado verdad y libertad. Desde el exilio soy y seré feminista, defensora de los DD. HH., pero nunca más seré de la izquierda, aunque se me tilde de reaccionaria. ¿Conservadora? Sí. Hoy solo salvaremos algo de lo queda del mundo occidental tal como ha sido culturalmente hasta ahora intentando conservarlo desde una idea occidental tradicional y aglutinadora en una solo dirección, la de la aceptación del prójimo tal como es, y no imponiendo modelos de ideologías, religiones y actuaciones.

En mi país, los barbudos que bajaron de la Sierra Maestra y que impusieron su poder mediante el terrorismo se hicieron pasar por católicos, por cristianos, y se colgaron al cuello los crucifijos, pero enseguida que tomaron el cetro del poder empezaron sin denuedo a perseguir hasta la muerte y el destierro a los creyentes católicos; encarcelaron a curas, como al sacerdote Miguel Ángel Loredo, expulsaron a monjas y a curas.

Más tarde, cuando los de la OLP se instalaron en Cuba, invitados por Fidel Castro, amigo íntimo de Yasser Arafat, al que hoy el mundo quiere ver como un demócrata, vaya comedia, Fidel Castro la emprendió contra los cubanos de origen judío, aunque cuidándose mucho de que alguien le sacara aquel ejemplar de *Mi lucha* de Adolfo Hitler acotado por los bordes y subrayado de forma admirativa por él mismo, el revolucionario de moda y de salones mundiales en el que se convirtió. El ejemplar apareció décadas más tarde en Madrid, lo tenía en su poder un joven cubano exiliado que cometió el error de dar la voz de que quería entregarlo a la prensa; ahí mismo tuvo un accidente de tráfico en una calle oscura de la capital española, y el libro del Fürher, como por arte de birlibirloque, desapareció del cuarto que alquilaba.

Las sinagogas habaneras eran vigiladas día y noche, el acoso contra los negocios judíos fue permanente hasta que consiguieron su desaparición… En marzo del año 2011, el activista judío-americano de la USAID (Agencia de Estados Unidos para el Desarrollo Internacional) Alan Phillip Gross fue acusado en La Habana por haber cometido crímenes contra el estado cubano debido a haber aportado equipos satelitales e informáticos a los miembros de la comunidad judía cubana; las autoridades manifestaron entonces que lo había hecho sin el permiso requerido en virtud de las leyes castristas. Como es habitual, acusado de trabajar para la CIA, fue reconocido culpable por «cometer actos contra la independencia y la integridad territorial del Estado». Fue liberado el 17 de diciembre del 2014, tras una intensa campaña internacional liderada por su esposa y por varias organizaciones del exilio cubano, así como por el gobierno de Barack Obama. El intercambio le ha costado mucho a mi país, tras un supuesto «deshielo» de las tensiones históricas entre Washington y La Habana a cambio de la liberación de Gross, «deshielo» que no llegó ni siquiera a derretido *frappé*, pero de lo que en cambio sí mucho se benefició la tiranía, y en nada el pueblo cubano. Alan P. Gross salió de la cárcel muy enfermo, absolutamente deteriorada su apariencia física, e incluso había perdido los dientes. Salvo algunas declaraciones sobre su situación, el activista nunca más se ha referido a su caso ni a sus amargas vivencias en la isla.

Las personas que queremos vivir en libertad debemos tener muy claro que ahora mismo se impone una unión en contra del mal provocado por los totalitarismos, cualesquiera que sean, pero que pretendan la sumisión del otro mediante la violencia y el crimen. No voy a evitar nombrarlos, porque en la actualidad se han unido en una sola palabra: islamocomunismo o islamoizquierdismo. Una resistencia unida judeocristiana es hoy más que nunca necesaria y urgente.

MEMORIA DEL ÉXODO

La palabra éxodo viene del griego, *éisodo* y *hodós*, que significan salida o partida y camino. Su fonética, como su escritura, provocan una seducción inextricable. Antes para mí el éxodo solo ocurría en los libros o en las viejas películas en tecnicolor. En las lecturas del segundo libro del Pentateuco, el contexto bíblico resultaba fabuloso una vez fantaseado. El dios de los judíos me parecía demasiado colérico, exigente, por no llamarlo déspota e incluso medio turulato. Moisés mostraba una indiscreción por momentos y en otros una increíble paciencia que sacaría de quicio al más *pachocho*. El faraón, por otro lado, me caía como una bomba de neutrones por lo mentiroso y abyecto. Con Aarón, el hermano de Moisés, fue con el que mayormente solidaricé mis anhelos ocultos; era el más aparentemente sensato, una especie de dador de la palabra, el que sabía decir, intermediar entre los hijos de Israel y Yahveh, aunque para disgusto mío siempre con la intención de convencer a los primeros frente a los requerimientos del segundo. Pasó algún tiempo para que me liberara de esta interpretación ingenua del éxodo. Gracias a lecturas posteriores, sentí la necesidad de interesarme de forma diferente en esa traumática salida de Egipto, en la larga marcha que dio lugar al pueblo santo de Israel, errantes escapados de la tiranía del faraón y aspirantes a la divina alianza con su dios, el de los atropellados. El todopoderoso, eterno, creador y maestro de todo lo existente.

La historia no ha cesado de entregarnos evidencias dolorosas de los errantes; los cubanos hemos sufrido en carne propia la humillación del destierro. Varios han sido los éxodos de nuestro pueblo desde el año 1959 hasta la fecha. No en balde nos llaman «los judíos del Caribe», salvando las distancias. Mientras que Yahveh prometió a los hijos de Israel un pedazo de arena en el desierto para que pudieran venerar libremente a su dios, es decir a él, la mayor parte de los cubanos fue a recalar en Miami con la esperanza de hallar un terreno próximo sin sentirse totalmente exiliados; al desembarcar o aterrizar les dio la bienvenida un auténtico balneario o potrero estilo *Jurassic Park*.

Los recién llegados se dedicaron a construir una parodia de La Habana confiando en el mito que les vendieron y que comieron con papas del sueño americano de libertad. La similitud de los cuarenta años de errancia del pueblo elegido con los sesenta y cinco años de dictadura de castrocomunismo obliga a creer que de alguna manera hemos sido elegidos, pero para la incomprensión.

En la Biblia, la posibilidad de una batalla perdida por los judíos dio cuerda a los hechos narrados en ella. Dios eligió a un pueblo para sí mismo, los convirtió en doce tribus, componentes de los doce hijos de Jacob-Israel, les ilusionó con un lugar nada menos y nada más que en el desierto, y los puso a caminar durante años para demostrarles a cada paso que la humanidad no se aliviará jamás del escozor de las llagas, para que no olviden el sacrificio, el costo diario de ser libres. Gozar la libertad a plenitud podía ser más humillante y paralizante, peor que vivir en la antigua esclavitud, porque el hombre con las comodidades, según las palabras de Yahveh, pierde facultades, empobrece su espíritu.

Es por eso que el Éxodo narra con marcada intención la dependencia casi absoluta del déspota faraón, quien se niega en múltiples oportunidades a liberar a los judíos de su servidumbre para dejarlos regresar al crisol de las arenas; y las plagas enviadas por Yahveh constituyen el pago a la conducta temeraria del gobernante, complicándole así a Moisés las negociaciones de la partida, tantas veces prometida e igual de veces incumplida, para que la duración de los trámites, la dureza, la angustia, el desgarramiento y todas las pruebas de injusticia y sacrificio queden impresas eternamente en el alma del exiliado. ¿Fue una liberación o un castigo, o ambas cosas? ¿O la palabra bíblica contribuyó a una desnaturalización de los verdaderos acontecimientos? Buscar similitudes con nuestra experiencia es un ejercicio histórico, absurdo en estos momentos. O no tanto.

Cuando en ocasiones me preguntan qué significa el exilio siempre termino dudando si debería escribir extenso sobre el tema para que no quede duda en el tintero y no existan malas interpretaciones, circunstancia a la que invariablemente se verá expuesto el exiliado cubano. Debemos distinguir la diferencia entre éxodo y exilio: éxodo es la idea de la expulsión fundida con el vagabundeo o marcha infinitos, un irse hacia un sitio sin parar, toda la vida o por tiempo indefinido. Un esperar errabundo. Así me siento, en una eterna espera, en la que sin duda alguna he perdido cosas y he ganado otras. Mi nostalgia es mi memoria, y no siento vergüenza, al contrario. Soy a mucha honra una exiliada cubana y una ciudadana del mundo.

El exilio contiene al éxodo. En el exilio están comprendidos varias situaciones, el exilio impuesto y el voluntario. El obligado muestra la expulsión explícita, o el impedimento de esa misma expulsión por parte del poder, una tortura mental, en resumen, que obliga a sentirse exiliado en su propia tierra al marginado. Entonces, en absoluto ostracismo, el pensamiento ya inició la huida. Exilio define que se ha llegado a alguna parte donde se piensa uno quedar, a un puerto en cuyo muelle se anclará la nave con el deseo de hallar un efímero reposo, y hasta con el sueño de fundar; entonces se empieza a trabajar doblemente, las fuerzas se multiplican diciéndose que mañana será el gran día del regreso.

Es ahí que la experiencia se convierte en enriquecedora. Cuando se dice adiós al país natal el viaje del recuerdo es interminable; aquel que se marcha, aunque regrese, nunca podrá volver del todo, vivirá expuesto a aquel punto en que su vida se detuvo. Exiliado debiera ser una nacionalidad y el exilio un país, pero sin papeleo y burocracia.

Queda el consuelo del poema de K. Kavafis; se andará hasta el día final a la búsqueda de Ítaca, posponiendo con conciencia el viaje: «Ten siempre a Ítaca en tu pensamiento. Tu llegada allí es tu destino...». Presiento que, aunque se haya encontrado una tierra donde sembrar huellas, mientras el exilio sea impuesto, mientras se tropiece con la prohibición de la entrada a la tierra de origen, continuará royéndonos la eterna salida, el deambular a la caza de reminiscencias, de olores, sabores, imágenes de la infancia e invenciones de una realidad perversa. El país en una maleta que pesa demasiado y se carga con gusto.

Sé de personas que hace más de seis décadas que viven con el equipaje preparado para el retorno, luchan por no borrar de sus mentes un solo trazo de la geografía de sus raíces. Vivan donde vivan, permanecen en constante éxodo. Un éxodo al revés, hacia atrás, un aliá o *aliyah*, un retorno en el que recorren sus propios pasos a la inversa sin destino claro, en un camino que ha eternizado el dolor de la memoria. Propongo deshacer las maletas y dejar que las raíces penetren en el suelo donde nos hallemos.

Los exiliados cubanos de Estados Unidos nunca se sintieron realmente exiliados; tuvieron el coraje y crearon las posibilidades de crear una prolongación de la tierra natal en Miami; esto fue una ventaja y un daño inconsciente. Y si los primeros chocaron con los trabajos más duros y empezaron de cero a reconstruir sus vidas, las generaciones que les secundaron y las últimas oleadas tuvieron y tienen un acceso menos dificultoso que sus antecesores, aunque aclaro que en cualquier caso angustioso y desgarrador. Por demás, los cubanos son trabajadores, logran avanzar en medio de conflictos, pero por otra parte también son bambolleros y palucheros. Es lo que quiso Fidel Castro —el primer bambollero y paluchero— hacernos creer, que somos superperfectos. La excesiva presuntuosidad opaca nuestra mejor imagen. No somos los mejores ni los peores, porque sencillamente ningún ser humano es mejor que otro, aunque seamos diferentes.

Hemos caído en la trampa histórica de la izquierda manipuladora, oportunista, y colaboracionista impuesta por el terror castrista. Y en la trampa de una derecha egoísta, cuyo único interés es el enriquecimiento y los negocios sea con quien sea. Esto también compartido con la izquierda, ¿por qué no decirlo? Toda esta gente del poder viene desde hace rato intentando aniquilar los sueños de libertad del cubano, colaboran con el dictador y, cuando se colabora con el asesino, también está matando. Tanta culpa tiene quien aguanta la pata…

Mucha de esta gentuza envió a un niño, Elián González, a la jaula dorada de uno de los mayores asesinos de la historia. La prensa mundial es cómplice de este abuso al enmascarar la verdad. Basta de situarnos entre la izquierda y la derecha, es un orden obsoleto para el mundo; y para los cubanos no ha significado nada, pues en Cuba qué se ha sabido de pluripartidismo y, analizándolo en buena ley, Castro jamás correspondió a ninguno de los dos modelos, siendo desde el inicio su credo el gangsterismo, el terrorismo, el guerrerismo, y todos los *horrorismos* posibles camuflados en revolución. Hoy, el adulto Elián, nombre casi bíblico, no es más que otro de sus monstruos.

Habría que ser astrólogo para adivinar cuánto tiempo durará el dolor de nuestro exilio ante la indiferencia internacional y la impunidad de los secuaces; pero el día que todo se sepa, descubriremos a mucho espía sembrado desde el inicio en los matorrales del mundo, y en sitios de mayor envergadura. Antes, lo primero que debemos acabar de entender es que somos exiliados, que muchas trampas nos serán servidas y solo juntos podremos enfrentarlas, lo cual no quiere decir que todos pensemos unilateralmente.

Diversidad de pensamiento y un deseo común: la libertad de Cuba y del mundo. Derrumbar a los dictadores y tiranos con las armas de la sensatez, que pueden ser también diversas. Será difícil hacer comprender a la opinión pública, pero lo conseguiremos con dignidad.

Elián González fue una prueba de que a la larga los perdedores han sido los opresores; con su prepotencia de dictadura estéril aplastó a una humilde familia cubana, quien se defendió ante la mayor potencia mundial y frente el dictador más camaján.

La papa caliente cayó en las manos de los Castro. El tono triunfalista de la prensa de la isla, las entrevistas que desenmascararon a ciertos políticos norteamericanos, y a esos cubanos que tienen el descaro de llamarse periodistas y que viven entre Miami y La Habana, los puso en evidencia. La película no ha terminado. Los presos siguen en sus celdas oscuras y los cubanos mueren de hambre. La patria es de todos, y en ella nos uniremos en el futuro. ¿Por qué no empezar desde ahora? Como si en ese ahora el mundo para mí no sería más importante.

LA ORACIÓN TAN ESPERADA

El 25 de septiembre del 2023 publiqué un artículo en La Gaceta de la Iberosfera titulado: *¿Marsella no ha asimilado?*, que fue muy leído y comentado en redes sociales. Exponía lo siguiente:

Seguí con atención la visita del papa Francisco a Marsella. Y con el papa Francisco me entero, ah, pobre de mí, después de vivir exiliada 34 años en Francia y de trabajar esporádicamente en el MUCEM de Marsella y en varios sitios, que *Marsella no asimila a los inmigrantes*. Porque si bien el Papa ha alabado la integración de los inmigrantes, también ha denunciado la asimilación, que «no toma en cuenta las diferencias». No sé si he oído al revés, pero no, el mensaje ha sido oído correctamente por mis pobres tímpanos, tal como el santo padre lo ha pronunciado. En fin, que *el papa llega otra vez para regañarnos frente a la actuación de los inmigrantes*. Como se nota que el papa sale poco del Vaticano y no ha viajado lo suficiente y que conoce poco Marsella.

El papa fue recibido por el presidente francés en el Palacio del Faro, y se esperaba una misa elocuente, como lo son siempre las misas de los papas, o como debieran serlo.

Desde luego, se ha debido aclarar que no se trata de una visita de estado del papa Francisco, sino muy específicamente a Marsella, donde es sabido que en esta ciudad mediterránea destaca la cohabitación de un vasto y amplio abanico de comunidades religiosas, como subraya *Le Figaro*… Porque al parecer

Francisco es el papa de las comunidades religiosas y no del cristianismo con preferencia.

Nadie ignora que el papa Francisco no es indiferente al drama de los náufragos inmigrantes, aunque no le importa un bledo los *boats people* haitianos y menos los balseros cubanos. Me entero, además, que su santidad ha venido a Marsella para clamar por la causa de los exiliados; supongo que los exiliados cubanos, venezolanos y hasta nicaragüenses no entran en esa agenda de reclamos, dado que los tiranos y dictadores que gobiernan en los países de esos exiliados son sus amigos, qué digo, al igual que Raúl Castro, sus «hermanos».

La estancia del magno pontífice interviene en medio de esta nueva ola de recién llegados a Lampedusa, esa isla italiana que ya no puede más ni con su propio peso, lo que ha provocado que la Unión Europea se ponga las pilas, aunque usadas, para ver cómo solucionan, o al menos alivian, la invasión que ellos llaman «flujo migratorio», sí, todo muy *chic* y «politiqués».

La visita del papa movilizó una descomunal protección para la visita a Marsella, presunta tierra de paz de inmigrantes integrados y de población que —según Bergoglio— no asimila a los inmigrantes; de ahí supongo los problemas con las bandas armadas, el tráfico de drogas, las violaciones y los robos a plena luz del sol candente de un verano-otoño marsellés; 6000 personas cuidan del papa, fuerzas del orden también a su disposición, policía nacional, gendarmería, unidades especiales y de protección de personalidades, el Raid, unidades anti-drones, caninos y marítimos; y todo eso para proteger a Francisco de los que no asimilan a los inmigrantes, digo, ¿no?

En la basílica de Nuestra Señora de la Guardia, tras una oración en el claustro, el santo padre hizo acto de recogimiento junto a sus acompañantes en el memorial dedicado a los marineros y «migrantes», o inmigrantes desaparecidos en el mar «a los pies de la Buena Madre», insistiendo en el socorro necesario.

La prensa, tan católica ella cuando el papa responde a sus

intereses izquierdistas, sumamente entregada, no solo *Le Figaro*, hasta toda la otra prensa, siguieron cada una de las ceremonias como habituales feligreses de una misa que va solo dirigida a los políticamente correctos, y no a los vecinos de Marsella, para nada a la gente de a pie, que por solo vivir en su ciudad tienen que aguantar que les llamen de todo, incluido por el papa, por no aceptar la violencia cotidiana generada por una inmigración que, contrario a lo que se quiere imponer, no solo no desea asimilarse, sino que se comporta como si el solo hecho de tener que integrarse, como se han integrado las oleadas anteriores de inmigrantes de entre las décadas de los 70, 80 y 90, les molestara y les agrediera moralmente.

Confieso que sigo con euforia todas las visitas papales sucesivas, pero que hay dos que me han molestado profundamente: la de mi amado Juan Pablo II a Cuba, porque sabía de antemano que pese a sus esfuerzos y su gran amor por la isla y por nuestra patrona, la Virgen de la Caridad del Cobre, intentarían burlarse de él, como lo hizo Fidel Castro, y al final nada sucedería, ningún cambio hacia la libertad, como había ocurrido en Polonia, el milagro más relevante a mi juicio de Juan Pablo II: terminar con el comunismo en su tierra natal; y esta visita de Francisco a Marsella. Porque ¿con qué derecho se puede llegar a Marsella a dar lecciones de nada, aunque seas el mensajero de Dios en la tierra?

Poco tiempo después, el papa Francisco volvió a ser elogioso con el islam y los musulmanes, bastante alejado para mi percepción de los judíos y de los propios cristianos.

Nadie podía sospechar que el 7 de octubre el mundo volvería a cambiar hacia el peor lado de su historia, y que los rezos demorarían…

Cuando por fin llegó algo, fue este fragmento del comunicado del Vaticano:

«El secretario de Relaciones con los Estados del Vaticano, Paul Richard Gallagher, ha mantenido este lunes una conversación telefónica con el ministro de Exteriores de Irán, Hossein Amir-Abdollahian, con quien ha abordado el conflicto en Oriente Medio.

Durante la conversación —solicitada por el ministro iraní, según ha informado el jefe de prensa del Vaticano, Matteo Bruni—, Gallagher ha manifestado a su homólogo iraní la "seria preocupación de la Santa Sede por lo que está ocurriendo en Israel y Palestina".

Asimismo, ha reiterado la "absoluta necesidad de evitar que se amplíe el conflicto" y llegar a una "solución de dos Estados para una paz estable y duradera en Oriente Medio"», termina la nota.

ANTISEMITISMO

La masacre terrorista por parte de Hamás del 7 de octubre en Israel y la inmediata guerra provocada por el terrorismo de Hamás contra Israel, en la Franja de Gaza (¿debiera añadir también con la frontera libanesa por parte de Hezbollah?) se tiñó segundo a segundo de mayores y sucesivos hechos ensangrentados, a cuál más espantoso, de horrores traducidos en vidas de inocentes arrancadas de cuajo. Cuando hablo de «inocentes» quiero dejar bien claro que me refiero a las víctimas israelíes en un primer momento. Porque ese espectáculo macabro que se ha vivido lleva un nombre: antisemitismo. Y punto.

Lo describió de forma muy explícita el periodista, editorialista, biógrafo, presentador de televisión y escritor francés Franz-Olivier Giesbert, en su artículo publicado por *Le Point* titulado «Los judíos frente a la "bestia inmunda"» el 11 de octubre: «No le demos más vuelta a la noria: el antisemitismo es uno e indivisible. Que sea europeo o árabe tiene el mismo objetivo simbolizado por el encuentro entre Hitler y el gran muftí de Jerusalén Amin al-Husseini, en 1941: la destrucción de los judíos».

Es duro admitirlo, no obstante, es la realidad, no hay otra. Lo sabía Golda Meir, por mucho que intentara la paz, oliéndose intuitivamente la guerra, muy a su pesar; trataba por todos los medios de impedirla, esquivándola usaba los recursos más inteligentes… Cierto, con los rusos como barrera, frente a Henry Kissinger y a los norteamericanos, por el petróleo árabe.

«Llevo días sin dormir», me contaba un amigo franco-judío a través del teléfono; le respondo que, al igual que él, yo también, así como numerosos amigos nuestros, no pegamos ojo. Concordamos en que no se trata para nada de miedo, sino de una ira indescriptible. Una ira interior que carcome porque responde no solo a los despreciables acontecimientos, también a las reacciones posteriores de la prensa y de la izquierda europea. «¿Sabes que la Unión Europea iba a quitarle las ayudas a estos bestias y el Gobierno español lo impidió? Fueron los primeros en protestar…». «Sí, lo sé», musito avergonzada. Para colmo, «¿cuántas veces no hemos previsto que algo así ocurriría?».

Además del antisemitismo casi ordinario y hasta banal, ya expuesto en el extraordinario artículo de Giesbert, existe el antisemitismo ignorante que niega —como siempre, también por parte de los comunistas— la historia misma; es el rencor de una izquierda ferozmente recalcitrante a favor de los terroristas, que abomina de Israel y, digámoslo, sin tapujos: que aborrece a los judíos, tildándolos de «usureros» y últimamente hasta de ¡«colonizadores»! de cualquier sitio.

Son basura, sin más. Basura desbordante de aberración e inquina. El problema es que actúan desde los gobiernos, desde las asambleas y los senados, tanto desde el español como desde el francés; no solo tapan los horrores cometidos por Hamás, como en este caso, además intentan borrarlos frente al obligado dramatismo palestino.

Una de esas plataformas publicó en Xuiter (ex Tuiter) imágenes en vídeos de niños gazatíes temblorosos de miedo, algunos con un líquido rojo en las caras, pero sin heridas abiertas, acompañados de adultos ubicados en medio de escombros… ¿Bien, o cómo…? ¿Y qué me dicen del actor digno de Pallywood que lo mismo es un periodista, que un padre adolorido con su hija pequeña, que un doctor, que un herido otra vez al borde de la muerte…? ¿Y de ese plano secuencia en que alguien detrás de la cámara le da la orden a una supuesta madre para que en el momento en el que pasa una camilla a una velocidad increíble ella alcance a reconocer a su hija, o no sabemos bien a quién, y corra detrás en una secuencia digna del cochecito de *El acorazado Potenkim*, el clásico de Serguéi Eisenstein? ¿Y del otro moribundo en una camilla toda polvorienta, pero con unos pies limpiecitos en unas chancletas *metedeos* (tongues) impolutas, que de pronto resucita y con una firme orientación de la mano avisa a que esperen al otro grupo rezagado que los seguía? No sé, pero para alguien que acaba de ser rescatado medio muerto de entre los escombros tras un bombardeo resulta bastante poco creíble.

¿Y, por otro lado, qué hay con esos niños israelíes torturados y asesinados por los terroristas de Gaza (apoyados y aupados por los palestinos, y por la izquierda mundial)? ¿Qué hay con esas mujeres a las que masacraron cortándoles los senos, apuñalándoles los vientres de embarazadas y tasajeando a sus bebés no nacidos…? ¿Qué hay de los bebés decapitados y del bebé cocido vivo al horno?

Son tan indecentes que todavía exigen fotos y vídeos. No titubean en poner en escena a los suyos en deplorables actuaciones. Podrán temblar mucho, podrán mostrarlos como quieran, pero ahí están, vivos. En caso de que murieran, ¿quiénes empezaron con el horror? ¿Quiénes provocaron esta guerra, quiénes iniciaron esta escalada de odio? Hamás, no Israel.

Sí, insisto, se trata del antisemitismo, del desprecio y la fobia de los judíos, que resulta ya más que enfermizo, es como una de esas plagas interminables, inoculadas en las mentes de la «humalidad». Frente a esa «humalidad» hay que actuar una y otra vez, en defensa de la vida, de la existencia, porque, quiéranlo o no, Israel tiene que existir. Porque Israel existe primero que todos ellos, en su territorio, en la tierra de Israel y de los judíos.

«Los verdaderos palestinos, históricamente... ¡son los judíos! —continúa Giesbert en su artículo—. Su país se llamó un día Palestina, porque en el IIe de n.e., después de una de sus revueltas, el emperador romano Adriano (Hadrian) había decidido para borrarlos mejor, que serían llamados con el nombre de sus enemigos de siempre, los Philistins, palabra que se transforma en palestinos. El estado judío llevaba el nombre de Palestina cuando, tras un plan de intercambio con los árabes que lo refutaron, fue proclamado en 1948, bajo la égida de la ONU. Sus fundadores lo rebautizaron como Israel...». Pero ni siquiera entrar en detalles acerca de la verdadera historia puede hoy en día solucionar el conflicto, nutrido con una fuerza mayor: la envidia y la animadversión.

GENOCIDIO

La indecencia de la izquierda mundial no tiene parangón, pero la obscenidad de la izquierda española y francesa frente a los sucesos sangrientos de Hamás contra Israel sobrepasa cualquier límite.

Al menos, a la izquierda francesa encabezada por Jean-Luc Mélénchon le ha salido gran parte del gobierno francés a responderle, cortante y tajante, situándose del lado de Israel. Pero luego Emmanuel Macron va a Israel, de ahí a ver al otro y al de más allá, y se besuquea con todos.

Pero, oh, Dios, esa ultraizquierda inmoral que gobierna en España mediante un autócrata corrupto, Pedro Sánchez, y que no tiene enfrente a nadie que se le pare bonito, ni siquiera a la prensa —mucho menos a la prensa, que en su gran mayoría depende de los millones que le riegan desde el poder y de los dictados del régimen sanchista, un régimen psicópata al igual que él, hecho a su imagen y semejanza— no ha titubeado, e incluso hasta han exigido el reconocimiento del estado palestino, ¡en un momento como el actual! No, no se trata del estado palestino, se trata de una masacre cometida en Israel por Hamás.

No se queda rezagada la turba de intelectuales de izquierdas en torno a Prisa y al diario que antaño fue emblemático de las libertades, que se atreve a llamar «genocidio» al acto de Israel al tomar medidas drásticas y defenderse en medio de una guerra que desataron los terroristas de Hamás, apoyados por los palestinos; basta ya de tibias verdades o de insolentes mentiras.

Genocidio es decapitar bebés en sus cunas, meter a uno de ellos vivo en un horno; genocidio es abrir vientres de embarazadas y apuñalar a los bebés que llevaban dentro; genocidio es decapitar a niños, a adolescentes, a ancianos, violar a mujeres, secuestrar… Genocidio es irrumpir en un concierto por la paz entre ambos pueblos y asesinar a mansalva, apresar a inocentes… Basta de cuento y de insultar la inteligencia de los demás. Basta de mentiras.

El genocidio no lo inició Israel. El genocidio siempre lo han empezado los del odio a los judíos, los antisemitas, los anticristianos, los islamistas. Pues de lo que se trata es de antisemitismo puro y duro, de anticristianismo. Y, duele decirlo, pero hay que dejarlo claro: eso es lo que son todos estos intelectuales españoles y franceses (menos por el momento) de la izquierda internacional: antisemitas y anticristianos. Los mueve el odio y desprecio a los judíos y a los católicos, pero sobre todo al conjunto. Pero lo que se debe denunciar hoy más que nunca es el antisemitismo y el genocidio contra el pueblo judío.

No me vengan que «solo son antisionistas». A mí desde el primer momento en que me vienen con que no son antisemitas, sino antisionistas, me levanto y me voy, los dejo con la palabra en sus bocas manchadas de mierda.

Soltar la palabra «genocidio» en las redes sociales como lo han hecho algunos intelectuales españoles para calificar un acto de defensa de un pueblo que no tiene hacia dónde ir, que nunca ha tenido más que un sitio en esta tierra, su tierra, Israel, y que no ha molestado nunca a nadie no es solo de una grosería insoportable, es porquería comunista. Pura porquería estilo castrista de la que nos intentaron inocular en las mentes en la Cuba de los tiranos Castro.

El odio castrista a Israel fue y es notorio, sin embargo, Israel nunca le cerró las puertas del diálogo a Fidel y a Raúl Castro;

cuando el primero necesitó de la ayuda israelí para desha-
cerse de una parte de la población judía cubana, el gobierno
de Israel ayudó con la llamada Operación Cigarro, durante la
que numerosas familias judías cubanas fueron enviadas hacia
Israel en una suerte de Aliyá, cuyo sentido del regreso para
ellos era absolutamente desconocido, bajo una Ley del Retorno
sin retorno a su verdadero país natal: Cuba.

Al parecer, en pocos días se comprobará si Venezuela y
Nicolás Maduro han tenido alguna relación con el genocidio
de Hamás contra Israel conducidos por el impulso de Irán. O
no se sabrá, quedará como queda todo, en la penumbra de la
indolencia. Detrás de esa nefasta complicidad colaboracionista
pudiera estar también el régimen castrista, que no ha tardado
en ponerse de parte de Hamás, y de Gaza, en contra de Israel,
como mismo se puso de parte de Vladimir Putin con relación
a la invasión rusa de Ucrania, que dio paso a la guerra. Una
inmensa bandera palestina ilumina la Plaza de la Revolución,
antes Plaza Cívica. Putin, que tampoco ha tardado en ubicarse
de parte de Hamás, con el gatillo preparado. El mismo gatillo
empuñado por Irán, como ya han advertido.

Soltar la palabra «genocidio» en el sentido falso y que solo
favorece a los terroristas y a los que los apoyan, e ignorar que
Egipto ofreció un corredor humanitario al que los mismos de
Hamás se han negado, así como en el pasado han negado otras
soluciones de paz, no solo es tan deshonesto como falso, además es darle voz al horror, posicionarse del lado del terror más
bárbaro que se pueda imaginar.

Israel se está defendiendo con todo su derecho a hacerlo, e
inclusive avisó y dio tiempo para que los gazatíes se marcha-
sen antes de que los bombardeos arreciaran. Los criminales de
Hamás no avisan nunca.

El terrorismo, que es el mismo en cualquier sitio del mundo,
no anuncia cuándo decapitará, cuándo secuestrará, cuándo
violará, cuándo apuñalará a un profesor en una escuela por el

mero hecho de enseñar, como ha ocurrido recién en Arras, en Francia, justo a pocas horas del tercer aniversario de la decapitación de otro profesor, Samuel Paty, al que todavía Francia no ha querido brindar su nombre a una calle, mientras en que en Chechenia una calle sí lleva el nombre de su asesino.

Terrorismo es genocidio. Defenderse de todas las formas posibles, siempre que no se violen las leyes, es enfrentar al terrorismo y al genocidio, es hacer justicia, que es lo último con lo que se puede rendir homenaje a las víctimas. Vivir exponiéndose el día entero a los cohetes de Hamás no es vivir, como tampoco es vivir exponerse a una decapitación pública, o a salir corriendo de los museos y los lugares menos pensados por miedo a una bomba, a una mortal agresión. Defenderse no es solo resistir, es volver a retomar las riendas de una vida plena, con dignidad y valentía. Larga vida a Israel, que es como desearnos a nosotros también, en Occidente, una larga existencia.

PALLYWOOD Y LO INSOPORTABLE

El 7 de octubre Hamás agredió a Israel de forma bestial; el grupo terrorista que gobierna en Gaza cometió una masacre que no se había visto desde el 11 de septiembre del 2001 en Nueva York, sin contar los numerosos actos terroristas cometidos en Europa, y sin enumerar los ataques diarios con cohetes lanzados hacia Israel.

Israel respondió con una guerra de defensa, como es natural. ¿Qué querían, que Israel se quedara con los brazos cruzados y renunciara a su amparo y protección? Pues no, por supuesto, de ninguna manera, Israel ha respondido firmemente y sin contemplaciones. Es más, creo que el hecho de que Israel alerte antes de bombardear para que del lado de Gaza se tomen las precauciones necesarias no es solo un acto humano para con los civiles, es bastante amable con relación a lo que hicieron los salvajes de Hamás con los israelíes y que esos mismos civiles aplaudieron en el colmo del delirio. No voy a relatar los crímenes, la mayoría de ustedes los conoce.

Hamás impide que los civiles gazatíes huyan, no solo los amenazan, los acribillan a ráfagas de ametralladoras cuando alguno osa escapar. Las imágenes se pueden ver en i24News. Mientras la televisión árabe Al Jazeera, de donde se nutren las televisiones y corresponsales occidentales, mentía y afirmaba que Israel había bombardeado un hospital de Gaza y que el resultado era más de 500 muertos, i24News contaba la verdad y mostraba con lujo de planos y detalles que nada de eso había ocurrido, que el cohete hacia el hospital era un cohete lanzado por Hamás y que el número de víctimas no pasaba de 50, si acaso. Vean i24News, y dejen de ver a la *takiyera* Al Jazeera. *Takiya*: el valor de la mentira en la religión musulmana.

A partir de ahí soltaron a los actores. Daría risa si la cosa no fuera tan grave. Pallywood se puso al día y en función de la propaganda, las producciones se multiplicaron a una velocidad insuperable, aunque con la falta de pericia que les caracteriza. Las redes sociales se cundieron de despropósitos desde plataformas que solo atendían la información que les vendía y les vende Hamás.

Lo he contado antes, lo reitero: Una de esas plataformas publicó en Xuiter imágenes en vídeos de niños gazatíes temblorosos de miedo, algunos con un líquido rojo chorreándole en las caras, pero sin heridas visibles, acompañados de adultos ubicados en medio de escombros; más tarde nos enteramos de que se trataba de un filme bien preparado para la desinformación hacia Occidente. Un absurdo indecente.

Repito, habrá que repetirlo más de una vez: ¿Qué me cuentan del actor más activo de Pallywood, que lo mismo es un periodista, que un padre adolorido con su hija pequeña herida en brazos, que un doctor atribulado que se meza los cabellos, que un herido grave otra vez al borde de la muerte junto al cadáver de su bebé…?

Y, ¿qué hay con ese plano secuencia en que alguien detrás de la cámara le da la orden a una supuesta madre para que en el momento en el que pasa junto a ella una camilla a una velocidad increíble la mujer alcance a reconocer a su hija moribunda y le corra detrás en una secuencia digna del cochecito de *El acorazado Potenkim*, el clásico de Serguéi Eisenstein?

¿Y del otro, también moribundo, acostado a todo lo que da su obeso cuerpo en una camilla polvorienta, pero con unos pies limpiecitos en unas chancletas *metedeos* impolutas, que de pronto resucita y con una firme orientación de la mano avisa a los que lo cargan en peso que esperen al otro grupo rezagado que también los seguía? No sé, pero para alguien que acababa de ser rescatado medio muerto de entre los escombros tras un bombardeo resulta bastante poco creíble, más bien risible.

Pero el colmo de lo indecente sucedió en Francia, cuando la modelo y actriz Warda Anwar se prestó para burlarse de las víctimas judías de la forma más despreciable, antisemita, burda e insoportable que se pueda tolerar. La embajada de Israel en Francia no solo protestó, al parecer ha iniciado un proceso judicial, como lo ha iniciado también Gerald Darmanin. Podrán verlo en las redes sociales a la tipeja que se pregunta en tono de burla cómo habrían adobado al bebé judío que los terroristas quemaron vivo en un horno delante de sus padres, mientras una segunda voz cercana a ella añade una receta de bebé judío al horno. Asco no, lo siguiente.

Para colmo, pese a que han sido prohibidas las manifestaciones antisemitas, antioccidentales y antifrancesas, se siguen reproduciendo; en una de las últimas en la plaza de la République, en París, se sucedieron discursos de frenético odio, en francés y en árabe, en cuyas palabras se niega que Hamás sea un grupo terrorista y se afirma que el *pogromo* que Hamás llevó a cabo en Israel es justo y debe seguir cometiéndose no solo en Israel, además en Francia. Ayer en Lyon apuñalaron a una mujer, por ser judía, el asesino quiso que quedara bien claro.

Y, como no podía ser de otra manera, añadan el gesto de Susan Sarandon; la actriz americana apareció en una manifestación pro Palestina, con el pañuelo o *kufiya* enredado en el cuello, echando pestes en contra de Israel. La agencia artística UTA que la representaba la ha despedido. Menos mal que empezamos a darles de su propia medicina.

ELLA, SIN NOMBRE

Una joven mujer de confesión judía fue apuñalada en dos partes del abdomen. Ocurrió en la ciudad de Lyon, en Francia; el criminal dejó pintado en la puerta de la víctima una cruz gamada nazi. Por más que busco no veo escrito por ningún lado el nombre de la mujer, ni el del agresor, mucho menos fotos. Me gustaría llamarla por su nombre en este artículo, pero no podré, lo siento, el oprobio de la censura de facto lo impide. ¿Vivimos en *1984*, en la novela de George Orwell? No, siento anunciarles que hemos sobrepasado esa trama con creces.

La buena noticia es que la mujer no ha muerto; hasta el domingo se encontraba hospitalizada, le «suturaron las heridas» —comentó su abogado—, y hasta el próximo desgarro, que esperemos, o sea, recemos que no suceda.

Ella, sin nombre por el momento, se hallaba en su domicilio, como ya dije, ubicado en Lyon; decidió salir, y por lo visto tomó una mala decisión... Conozco Lyon, era una ciudad maravillosa. La última vez que fui la encontré sucia e insoportablemente politizada del lado del que se pueden imaginar; la europea era yo.

Su abogado, del que sí podemos saber el nombre, Me. Stéphane Drai, declaró que su cliente había puesto una demanda después de haber sido oída por las autoridades correspondientes; declaraciones y demanda que la mujer hizo, supongo que atribulada, desde el hospital.

Entonces leí en todas partes lo siguiente: «Mientras las investigaciones no sean llevadas a término, evidentemente se debe actuar con prudencia, aunque determinación. La policía judicial hará su investigación, y en función del resultado se concluirá y se corroborará el carácter antisemita de la agresión».

Vamos a ver: la mujer es de confesión judía, tras acuchillarla su agresor pintó una cruz nazi en su puerta. Verde y en botella, ¿qué «cojines» es?

¿O resulta que lo que pretenden corroborar es lo contrario? O sea, lo que han gritado a voz en cuello durante varias manifestaciones pro Hamás en Francia, tras el 7 de octubre: que el pogromo que masacró a Israel está muy bien hecho, es correcto, y que debieran llevarse a cabo unos cuantos más, también en Europa, alentando de tal modo al terrorismo por libre…

Para colmo, el abogado añadió que la víctima vive en un «contexto de divorcio». ¿Qué tiene que ver la lluvia con la diarrea?

No obstante, nada relaciona al criminal con el exmarido. ¿Soy yo que no entiende lo suficiente o, como creo por el contrario sospechar, se está queriendo insinuar que un excónyuge en trámite de divorcio pudo haber contratado a un terrorista para agredir a puñaladas a su exmujer de confesión judía y para colmo le pintó una cruz nazi en la puerta, solo para despistar?

Todo parece indicar que la investigación seguirá la pista del divorcio y el exmarido, descuidando así el rastro de la agresión contra una mujer judía.

857 actos antisemitas se han registrado en Francia después de los actos genocidas del 7 de octubre en Israel. Un profesor, rector de profesores, fue masacrado cosido a tajazos por un terrorista que actuó como lobo solitario bajo los alaridos de *Alahu Akbar*. ¿Y todavía dudan?

Entiendo que la policía debe hacer su trabajo y que la justicia lo mismo, pero me pregunto si no estarían extremándose con las atenciones y delicadezas con una sola de las partes.

Mujer judía apuñalada, sin nombre y sin rostro, semejante a las miles de mujeres en Irán y en cada uno de esos países de confesión musulmana donde los asesinatos por un velo corrido de lugar o por un mínimo acto de libertad son castigados con lapidaciones públicas y con golpeaduras dentro de un vagón de metro, como hicieron contra la joven iraní, Armita Garaband, que pasó 28 días en coma tras haber sido agredida por no llevar pañuelo en la cabeza, y que murió recientemente.

Hasta hace muy poco pudiéramos habernos consolado (no yo) con una no menos incómoda reflexión: «fue en Irán». Ahora no. Ahora sucede en Europa y ni siquiera se les nombra, tampoco publican la foto del criminal; para colmo el suceso se achaca a un mero altercado entre un marido y la víctima en medio de un divorcio.

Las neofeministas ni están ni se les espera. Calladas y felices, satisfechas de reclamar a grito pelado su apoyo incondicional a Hamás y a todo lo que se les ordene desde el islamoizquierdismo internacional.

Hoy he vuelto a arrodillarme y he rezado mirando al cielo, un cielo lluvioso y cubierto por la tempestad Ciaran que ha hecho estragos en casi toda Europa; mientras Greta Thunberg y compañía apoyan a Hamás, yo de rodillas rezo tres avemaría y tres padrenuestro, sin embargo, ¿saben de lo que realmente siento ganas? De irme a Israel a defender no solo a Israel, también a Occidente.

RECLAMOS DEL ESTADO PALESTINO Y DE LA PAZ

Reclamar ahora mismo el Estado palestino para los palestinos, que no son verdaderamente palestinos, pues son árabes, y, como dijo Golda Meir, los verdaderos palestinos originales son los judíos, ella misma era palestina —expresado por ella—, dicho sea, es clavar otro puñal a Israel. Es como si entraran a tu casa, asesinaran brutalmente a toda tu familia, y tú, en lugar de defenderte y vengar a los tuyos, les obsequiaras la casa toda pintada y amueblada, y además les construyeras otra, una mansión con todos los lujos habidos y por haber. Es el clásico poner la otra mejilla, y peor, significa claudicar de manera cobarde. Israel no destaca precisamente por su flojera o cobardía. Occidente sí, y además no aprende, ha perdido toda sensibilidad frente a la cordura.

En las redes sociales abundan los subnormales, a montones; uno de ellos llamó fanático religioso a Jon Voight por el mensaje en vídeo que grabó el actor a su hija Angelina Jolie, quien se ha situado del lado de los enemigos Israel, o más bien junto a los palestinos y la paz de los sepulcros. Llegará un día, no tan lejano, en que los verdaderos fanáticos religiosos rebanadores de cuellos serán vistos como auténticos progresistas y luchadores por la paz, y el resto como bárbaros fascistas. Por cierto, este energúmeno de Xuiter también reclamaba el Estado palestino, me pregunto si en tono de mantra ideológica o por escribir cualquier cosa. Los actores de Hollywood, salvo Jon Voigth, James Wood, Clint Eastwood y poco más, saben que la paz sin verdad y sin libertad no significa más que mentira y sumisión. Pero claro, ya ellos han sido clasificados de extrema derecha.

El papa Francisco también ha hablado recién de la posibilidad de los dos estados con la intención de conseguir la paz. El papa debiera trabajar más en que los cristianos y los católicos se unan a los judíos, que visto lo visto a estas alturas son los únicos que pueden garantizar la paz a la humanidad, en lugar de continuar con la cantilena de la paz entre Israel, que siempre ha estado en paz con ella y con los demás, salvo cuando le buscan las cosquillas, y esta vez esas cosquillas han sido de manera brutal, nazi…

La Iglesia no es la diplomacia vaticana, todavía no, por suerte. Y la unión entre judíos y cristianos debe producirse de manera urgente; sería la única forma de resistir, de sobrevivir, ante la invasión y salvajismo islamista, y el silencio inaguantable de los musulmanes que se dicen pacíficos frente a las atrocidades de sus violentos hermanos de religión.

PADRE ALBERTO REYES:
«EL MOMENTO DE DIOS»

El padre Alberto Reyes Pías nació en Florida, Camagüey, Cuba. Estudió tres años de Medicina en Cuba antes de entrar al seminario; después estudió Psicología Clínica en Madrid. En la actualidad es el párroco en Esmeralda, Camagüey.

Lo entrevisté en una ocasión en mi canal de YouTube (https://www.youtube.com/watch?v=RsIouHfWUXo&t=3s) y, pese a la distancia, él en Cuba y yo en Europa, sentí una inmensa cercanía mediante su claro discurso. De una capacidad de análisis serena, cada semana publica sus escritos que van directo al pensamiento, al corazón, con la intención de revelar la verdad, de que por fin alguien se compadezca y nos crea, me refiero a los cubanos. Risueño, siempre presto a responder, aguerrido, fue uno de los sacerdotes que el 15N del 2021 intentó salir a las calles con la intención de proteger a los manifestantes en la isla en contra del régimen. No pudo como no pudo nadie, se lo impidieron las hordas castristas (https://www.youtube.com/watch?v=6Jmzijjjiho); desde la azotea del arzobispado de Camagüey donde se hallaba vio cómo rodeaban al obispado, luego hubo otro acto de repudio el 16 de noviembre en su parroquia, desde donde envió un mensaje compasivo y firme al mundo. Los que hemos vivido cercanos al interior de la Iglesia en Cuba sabemos lo que arriesga un sacerdote cubano que decide con la verdad enfrentar al espanto. Sé que en Cuba tengo muchos hermanos, el padre Alberto Reyes Pías es uno de ellos, como en otros tiempos lo fue el padre Miguel Ángel Loredo, que en su gloria esté. Tras la masacre terrorista por Hamás en Israel, lo entrevisté para *El Debate*, periódico español, cuyo origen remite a 1910, y que fue prohibido por los republicanos en los años treinta, como por Francisco Franco.

ZOÉ VALDÉS: En uno de sus últimos escritos, que yo llamo «Homilías de la Libertad», usted dice lo siguiente: «Confieso que llevo tiempo viviendo de una "esperanza por decreto". Cuando miro mi realidad cubana con ojos puramente humanos, tengo la impresión de que aquí nunca habrá un cambio...». Sin embargo, cuando seguimos leyendo no hay un texto con mayor esperanza que ese, como en la mayoría de sus escritos. Es la fe en Dios, pero también ¿la fe en los cubanos...?

PADRE ALBERTO REYES PÍAS: Ciertamente es fe en Dios y es fe en mi pueblo. Los procesos sociales son lentos, y aunque creo que nos falta mucho por aprender en la defensa de nuestros derechos, también es cierto que nuestro pueblo va mostrando cada vez más signos de «osadía». Cada vez hay más personas que son capaces de decir lo que piensan y lo que sienten, tanto en público como en las redes sociales, cada vez hay más personas que se «plantan» ante la injusticia o se atreven a reaccionar con la verdad en las reuniones y abandonan el rol pasivo del que escucha y asiente a sabiendas de que se le está mintiendo o se le está tratando como un tonto. Y cada vez más la iniciativa privada avanza. Son signos de esperanza en un pueblo que quiere ir tomando las riendas de su propia historia.

ZV: Los cubanos han ido haciendo como un *aliá*, retorno en hebreo, a Cristo, ¿cree que es un trabajo interior de ellos, o piensa que la Iglesia, y muy específicamente los sacerdotes y monjas de ahora, ha ido por el camino de la compasión a tocar almas, o tal vez por pura necesidad humana?

PARP: Yo creo que el regreso del cubano a Dios es multifactorial. Es cierto que la Iglesia, a todo nivel, no ha dejado de hacer su labor evangelizadora, y ha sabido predicar, como diría san Pablo, «a tiempo y a destiempo». Por otra parte, creo que hay mucha gente que busca sinceramente un sentido a su vida y quiere hacerlo desde Dios, desde el espíritu. Y también está el que se acerca a la Iglesia por necesidad o por desesperación, porque siente que es uno de los pocos lugares donde puede librarse del hastío y de la asfixia social. Luego llegará el momento en el que se definirán las intenciones, pero también es cierto que Dios se vale de todo para tocar el alma humana.

ZV: Siempre nos recuerda en sus textos «el momento de Dios». ¿Sabe que es la frase eclesiástica que más me desespera, que la vengo oyendo desde que soy niña, en la iglesia de La Merced? Sé que es un momento de verdad consigo mismo, y con Dios. ¿Por qué cree que los cubanos hemos tenido que esperar tanto? ¿O es que nos merecemos la espera?

PARP: Yo diría que esta es «la gran pregunta», y la respuesta no es fácil. No podemos culpar a Dios del comunismo en Cuba, porque Dios respeta la libertad humana, y nosotros somos en parte responsables de lo que ha ocurrido en nuestra tierra. Es cierto que Fidel Castro y su equipo supieron tejer muy bien la red de mentiras que condujeron al control de nuestro pueblo, y supieron sembrar en los tuétanos un terror que perdura hasta hoy. Es verdad que cuando nos dimos cuenta ya todas las salidas estaban cerradas, pero también es cierto que en gran medida les hemos hecho el juego, y hemos preferido fingir aprobación a defender la verdad de nuestras conciencias, hemos preferido escapar, o recostarnos plácidamente en la reconfortante idea de que un día «alguien» hará «algo» y nosotros pasaremos serenamente de la dictadura a la libertad.

Otra cosa es que Dios siempre escribe derecho en renglones torcidos, y que Dios no permite nunca nada de lo cual no pueda sacar una bendición. No me atrevo a decir que Dios quería el comunismo para Cuba, pero sí permitió que llegara, entonces estoy seguro de que algo bueno saldrá de todo esto, algo muy bueno, dado el coste en sufrimiento que ha pagado y está pagando nuestro pueblo. Pase lo que pase, esta revolución ha marcado ya un antes y un después, y nunca volveremos a ser el pueblo de antes del 59.

Creo que este proceso nos ha «despertado», nos ha hecho menos ingenuos, y nos ha permitido tomar conciencia de que somos un pueblo muy capaz, tanto para el bien como para el mal. Quiero creer que cuando Cuba recupere su libertad y desterremos el falso misticismo de la izquierda, seremos una nación capaz de volcar todas nuestras energías en la búsqueda del bien, tanto propio como ajeno, y dejaremos para siempre de ser el eje del mal para tantos procesos turbios.

No me atrevo a afirmar que nos merecíamos este sistema, pero tal vez lo necesitábamos, para aprender el valor de la libertad, de la justicia, de la democracia, y para aprender la necesidad de la verdadera solidaridad.

ZV: Padre, sabe cuánto significa la espiritualidad para los jóvenes de hoy, en esa Cuba tan desasida, ¿cómo asirla desde la verdad?

PARP: La espiritualidad es el reto de dejar a Dios entrar en la propia vida, es asumir el vértigo de darle a Dios las riendas y decirle: «Aquí estoy, para hacer tu voluntad». Es aprender a contar con Dios en todo lo que decide nuestra vida. Y esto solo puede venir de una decisión interior, de la decisión de hacer de Dios la propia verdad. Cuando dejamos a Dios marcar el ritmo de nuestra vida, el resultado no puede ser otro que la libertad, esa libertad que se hace inmune a las amenazas y a las manipulaciones, esa libertad que puede sentir miedo pero que ya no se deja secuestrar por el miedo. Es la experiencia de Jesús ante la cruz, el hombre sufriente y a la vez libre, sereno, pleno.

ZV: He leído este fragmento de texto suyo, y no he podido contener la emoción: «Nada existe de verdad si no existe para ti, si no responde a una realidad que te ha tocado el alma, y nada toca tanto un alma como un rostro. Yo vivo rodeado de rostros, rostros que hablan, que gimen, que gritan». ¿Cómo es el rostro de Cuba hoy?

PARP: El rostro de nuestra Cuba es un *collage*. Es un rostro sufrido y capaz de sonreír, es un rostro que mezcla el agobio de la supervivencia y la renuncia a rendirse, es un rostro de incertidumbre y esperanza. Pero, sobre todo, es un rostro que cree en el amanecer y que, día a día, atisba el horizonte en una espera infinita pero inquebrantable, porque sabe, está seguro, que la noche no será eterna.

ZV: El régimen castrista lleva décadas del lado del horror, inmerso en su antisemitismo, promoviendo el terrorismo internacional. ¿Qué mensaje tiene usted hoy para el pueblo de Israel como sacerdote y como cubano?

PARP: He estado en Israel, tengo rostros en Israel, y es un pueblo al cual quiero y admiro. Los actos terroristas de que ha sido objeto son inaceptables, bajo todo punto de vista. Esto, sin embargo, no me impide decir que Israel también necesita hacer su examen de conciencia. El conflicto entre Israel y Palestina no es un conflicto lineal, hecho entre víctimas y victimarios. La historia es como es, no como quisiéramos que fuera, y la historia ha decretado que ese pedazo de planeta que llamamos «Tierra Santa» tiene propiedad compartida. Soy partidario de que Israel tenga lo que ellos llamaron en sus inicios un «hogar nacional judío», y que tienen derecho a volver a la tierra de sus antepasados, pero de igual modo, durante siglos, miles de palestinos han nacido, han trabajado, han amado esa tierra, y han muerto sintiéndola suya. Mientras Israel y Palestina no tengan como horizonte un «nosotros», solo lograrán una tierra donde reinará el odio enarbolado, paradójicamente, en el nombre del Dios que nos hizo para convivir como hermanos.

Hasta ahí la entrevista, que como verán la última respuesta viene cargada de la misma incongruencia sobre los dos Estados.

Y sin distinción entre los que mantienes la paz, que es Israel, y los que viven del odio, que son los grupos terroristas apoyados por los palestinos en la mayoría de las ocasiones. No es culpa del sacerdote, se trata probablemente de la información recibida a través de los medios de comunicación.

El conflicto israelí-palestino se parece bastante, con perdón, al tema del supuesto embargo norteamericano contra Cuba, que no existe. No existe, pero al régimen cubano le conviene que exista porque de tal modo se beneficia de comerciar con el resto del mundo con suculentas ventajas, cada año el Club de París le condona la monumental deuda externa, y China y Rusia le ofrecen privilegios que nadie tiene, además de esquilmar a Venezuela y a Argentina, dos países inmensamente ricos en el pasado, que en cuanto les cayó el virus castrocomunista se fueron a la ruina más bestial.

El castrismo se la pasa exigiendo de boca para afuera que Estados Unidos les levante el embargo y mendigando al mundo entero, pero en cuanto Estados Unidos se mueve en ese sentido, el régimen hace todo lo posible para que no suceda, como cuando volaron las avionetas de «Hermanos al Rescate» en un acto terrorista como solo Cuba sale hacerlo, en aguas internacionales, las que ellos supieron correr (como si esto pudiera hacerse) hacia ellos, para clamar por la invasión de sus mares y de su territorio.

Pues lo mismo entre Israel y Palestina y el resto del mundo; el día que Palestina obtenga la respuesta de que por fin tendrá su Estado se le acabará el negocio del terrorismo subvencionado por los millones de la ONU (ahora mismo, mientras escribo estas líneas, el secretario general de esa organización, António Guterres, ha pedido enviar a Gaza 1000 millones de dólares) y los millones de la Unión Europea. Tuvieron la posibilidad de hacerse con ese Estado, y la rechazaron, para vivir del cuento.

¿RESILIENCIA? NO, RESISTENCIA

Desde el 7 de octubre del 2023 he pasado por varias etapas, altibajos psíquicos y físicos que mi cuerpo no consigue controlar; somatizar los disparos de claridad, o por el contrario de tenebrosidad, que me envía la mente me dañan en lo más profundo. He debido detenerme decenas de veces antes de escribir lo que no podía ni imaginar que me vería obligada a escribir en pleno siglo XXI, por vergüenza y compasión. Entonces no queda más que preguntarse: ¿cuál *Yo acuso* habría escrito Émile Zola si viviera en esta época con lo que estamos viendo y padeciendo? ¿Qué pensaría Anne Frank si estuviese viva…?

Los actos de solidaridad resultan poco numerosos frente a las desvergüenzas que provienen de las acciones de apoyo a la barbarie de Hamás, y que constituyen a mi juicio y a estas alturas también acciones de deshumanización.

De otra parte, la indigencia mental y la mala idea prevalecen. A todo el que apoye a Israel lo clasifican de inmediato de extrema derecha, mientras en el Parlamento europeo, su presidente por un período de seis meses, además de ser presidente de España, Pedro Sánchez, quien perdió las elecciones en España y que con siete votos de separatistas, golpistas, terroristas, y de nacionalistas de extrema etnicidad, no solo exige, en momentos tan graves, un Estado palestino; para colmo se inventa un nuevo Ministerio de Infancia y Juventud, cuya ministra nombrada y ya en funciones es una señora presuntamente simpatizante de Hamás, de origen palestino, Sira Abed Rego, alguien que ya había estado en Cuba, fotografiada fundida en un abrazo con el títere que oprime mi país —imagen publicada en las redes sociales, donde se ve sonriente y orgullosa de aparecer con quien encarceló a 39 menores de edad tras las manifestaciones del 11 y 12 de julio del 2021, y que en la actualidad tiene 1 069 presos políticos, la mayoría jóvenes—.

El horror se manifiesta cotidiana e impunemente, no siempre ensangrentado, el horror también puede ejercerse con acciones y palabras, con caos y odio, un odio instrumentalizado e institucionalizado ya, un odio gubernamental, impuesto en las instituciones internacionales.

¿Qué es la ONU, si no, con países como Cuba y Arabia Saudí como grandes observadores desde puestos relevantes? El asco me invade de solo escribirlo.

El odio ha sido sembrado también en el deporte, algunos de los deportistas franceses se refieren a los sucesos ocurridos mediante una dimensión infrahumana comunitaria y separatista, no son Francia, son ellos y las circunstancias de sus orígenes, inclusive si nacieron en Francia, pero sus padres les enseñaron a odiar el país que les dio cobijo, que los hizo «alguienes», personas.

Curiosamente nunca he visto esa reacción en los exiliados políticos judeocristianos, que mantienen una discreción con respecto a sus creencias, que se integran mediante el trabajo y el respeto al país que les ha acogido.

Sin embargo, si lo expresas, si intentas explicarlo, desde tu realidad propia por vivida y padecida, te llaman extrema derecha, fascista o ultra… Nos invitan a dejar nuestros trabajos, y hasta en el caso de algunos escritores, algunas editoriales dejan de aceptar nuestros manuscritos.

El miedo devora el alma era el título de aquella célebre película de Rainer María Fassbinder, de 1974. Bajo ese terror vivimos.

El miedo que apoca y consume, asesinatos tras asesinatos, Lola descuartizada, los bebés acuchillados en un parque de Annecy, Thomas en un baile de jóvenes en Crépol, entre otros… Los rehenes israelíes liberados, elegidos al azar, en una selección que paradójicamente los culpabilizará de por vida. ¿Por qué ellos han sido liberados, por qué no están muertos? ¿Habrá resiliencia para ellos?

Un mundo más espantoso no hubiera podido imaginarlo. Y, sin embargo, en él intentamos sobrevivir como esclavos del terror, porque esto ya no podemos llamarlo Libertad. No obstante, toca resistir.

En Francia, tras la muerte de Nahel, 17 años, que conducía un automóvil sin el permiso de conducir, según dicen también sin ser de su propiedad, a una velocidad extrema en la que puso en peligro a un transeúnte y a un ciclista, que fue interpelado por la policía y se negó a obedecer la *ordre d'obtemperer* de detenerse de inmediato, y por el contrario aceleró el coche, lo que provocó que el arma del policía se dirigiera en el sentido que le provocó la muerte (según la investigación policial), en Francia ha detonado lo más parecido a una guerra civil. El Gobierno no querrá reconocerlo, pero las imágenes hablan por sí solas. Y de eso hablaremos…

Nahel, cuyo apellido no aparece por ninguna parte, por mucho que lo he buscado, tenía antecedentes judiciales siendo todavía un menor. Por las reacciones de su madre podemos apreciar cómo es el entorno familiar en el que fue criado y que lo rodeaba; siento decirlo, pero ninguna madre que acaba de perder a un hijo se comporta de la manera en la que esta señora lo ha hecho, se nota que no se trata precisamente de un círculo ejemplar. Vean ustedes mismos, y estas imágenes no son las peores.

¿Era necesario que esta madre dirigiera una manifestación violenta que rápidamente se fue propalando por todo el país con una antorcha en una mano, subirse a una moto y dar la nota, a mandíbula batiente? No, desde luego que no.

El policía no solo fue detenido y juzgado de inmediato, también con premura por el momento ha sido hallado culpable. Vamos, que ni con lo sucedido en Estados Unidos con George Floyd la justicia actuó tan dinámica en contra de un agente del orden como ahora en Francia.

También con toda agilidad las turbas tomaron las calles, en toda Francia, no solo en París, y con mayor violencia que en el 2004; se produjo un escenario de guerra, aunque el ministro del interior Gérard Darmanin no pretenda reconocerlo, pero haya decretado toque de queda en el país a las 21 h. Alcaldías, ayuntamientos, escuelas, instituciones, comercios, propiedades, edificios, automóviles, balaceados, tiroteados con morteros y fuegos artificiales convertidos en armas, quemados, reducidos a cenizas. La policía, como ven, poco puede responder. Han tenido que salir sus propietarios, muchos de ellos inmigrantes, a proteger sus negocios, armados hasta los dientes. Uno de ellos a pleno llanto observa cómo le destruyeron su trabajo de toda una vida, lo que aquí se llama *une souperette*, un mercadito; otra joven que solo hace cinco años pudo reunir el dinero para montar su peluquería llora también frente a las imágenes de su negocio carbonizado: «No es justo, no es justo —repite sin cesar—, yo no hice nada, no estoy de acuerdo con lo sucedido con ese muchacho, pero ¿por qué contra mí y contra mi familia que se alimenta con mi trabajo?». Estoy de acuerdo con ella.

No se trata del pueblo francés en su gran mayoría, pero sí estamos ante un fenómeno de odio generalizado por una buena mayoría de jóvenes, de entre 14 y 18 años, que lo mismo venden drogas, armas de medio pelo, como armas de envergadura, en cualquier extrarradio, de París, Marsella, o donde sea... Estamos ante los hijos de una inmigración que no se ha integrado ni se integrará nunca, que desprecia profundamente a este país, pese que se beneficia de todas las ayudas y privilegios que por el mero hecho de ser inmigrantes reciben de este país y de los que pagamos impuestos. Los únicos que muy pocas y en raras ocasiones son considerados para el asilo político en Francia somos los cubanos, y con cero ayudas ni privilegios.

Por otro lado, cómo no recordar en este momento al sacerdote Jacques Hamel, degollado en su parroquia de Saint-Étienne-du-Rouvray, en el 2016; o al profesor de geografía e historia, Samuel Paty, degollado en plena calle por donde rodó su cabeza delante de todos, en el 2020; o la muerte entre torturas y descuartizamiento de la adolescente de 12 años Lola Daviet, y los niños apuñalados recientemente en un parque infantil… Todos tienen un denominador común, los asesinos han sido delincuentes inmigrantes.

Alguien escribió con mucha razón en las redes sociales acompañado de una foto: «Nadie quemó un solo automóvil cuando este sacerdote fue degollado durante su misa, este profesor decapitado, esta niña torturada y asesinada. Ninguno de los tres había violado la ley, es cierto. Ninguno de los tres tenía antecedentes judiciales». Las palabras, como ya dije, no son mías, pero las apruebo, porque intuyo que la comparación se hace con relación a las reacciones violentas y dramáticas provocadas en este país, que ninguna similar se dio en respuesta a las muertes antes mencionadas.

En cuanto a si lo sucedido en Francia pudiera suceder en España; desde luego que sí, desdichadamente, si la izquierda continúa en el poder el escenario sería muy parecido.

PARIS IS BURNING

Hace mucho, allá por los ochenta, una noche de primavera me fui a uno de los cines de ensayo más conocidos de París a ver una película de la que todo el mundo hablaba, un documental titulado *Paris is burning* (1980), cuyo tema era el drama de los homosexuales en Estados Unidos, que por otra parte yo conocía mal; pero que, al punto, pasada media hora de la cinta, advertí que el drama no llegaba a la tragedia vivida por los homosexuales en Cuba, perseguidos, encerrados y aniquilados en campos de concentración y ejecutados por el castrocomunismo. El documental tiene buena factura, todavía se puede ver en Netflix.

El caso es que el título sí se me quedó rondando en la cabeza todos estos años, es sin duda lo mejor del filme, ese título incendiario. Sin embargo, el documental no transcendió en mí como sí de otra forma lo hicieron diversas películas de la época más o menos con el mismo tema.

Al salir del cine, el Saint-André des Arts, en la calle del mismo nombre, me dirigí a una librería nocturna, situada en la esquina; allí, entre unos estantes, me tropecé con el siempre despeinado Emil M. Cioran, que hojeaba un libro.

Todavía no sabía que era Cioran hasta que el librero (oh, maravilla de los libreros de antes) me hizo señas para que acudiera a él, y al oído me susurró que aquel hombre de cabeza hermosa era el filósofo de las frases cortas, de los silogismos y del pesimismo…

A mí aquello del pesimismo me hechizó; iba ya a acercarme a Cioran, con la timidez y el desgano de mis veintitantos años a cuestas, pero al instante me dije que debía primero comprar uno de sus libros. Busqué, rebusqué, y en las mesas de novedades hallé uno recién editado. Fui a la caja, pagué, y en ese momento me entró un miedo tan terrible de que el filósofo me preguntara cualquier cosa que yo ignorara y no supiera responder que entonces corrí hacia la puerta de salida y me perdí entre los transeúntes con el libro entre las manos.

Silogismos de la amargura me cambió la vida para siempre, no solo me convirtió en una ferviente lectora de Cioran, sino que además me introdujo en la manía de escribir oraciones extrañas, cada vez más raras y breves. Después de esa primera cita sin serlo y sin producirse verdaderamente, empecé a toparme con el filósofo en todas partes, y casi siempre huía. Pero tenía la dicha, y ahora no saben cuánto lo aprecio, de fugarme y de perderme en una ciudad de la que solo emanaba arte, elegancia, con sus galerías, museos, monumentos y *drugstores* (el de Saint-Germain y el de Champs-Elysées) abiertos toda la noche donde se podía comer, beber, comprar libros, revistas, y gozar de bastantes otras rarezas.

París ardía de grandeza, de cultura; París ardía de belleza, de occidentalismo, de energía creadora. Fueron los años de Jacques Chirac en la alcaldía. A nadie le gustaba Chirac, y han terminado por extrañarlo a morir.

No extraño al político, pero sí me falta aquel hombre de cultura con su poder de inteligencia y de una estatura y capacidad humanas como para burlarse de sus propios errores. Lástima que Chirac decidió ladearse hacia la izquierda soberbia con tal de caer bien, de ser aceptado por ese mundo cultureta de la *gauche caviar* que todo lo opaca y lo rebaja. Chirac fue al inicio un excelente gestor como alcalde, luego vinieron los esperpentos de corrupción, y al fin y al cabo devino en un acomplejado presidente de la derecha tradicional. Incluso así, visto lo que queda en el tablero, *il nous manque* (nos falta).

En la actualidad París arde brutalmente, de manera real e imaginada; los sacos de basura inundaron las calles, las ratas brincotean entre los basureros a la luz del día y sin el glamour de una película de Disney. Cada vez cierran más librerías para abrir tiendas de ropa de mala calidad y las salas de cines son invadidas por películas que parecieran filmadas por alumnos recién graduados de cualquier banal escuelita de cine.

Los amigos se han ido, entre ellos numerosos judíos. El último, el único amigo de verdad que siempre lo ha sido sin pedir nada, y entregando mucho, inclusive lo que no tiene, agoniza en una sala de hospital. Ayer, al salir del hospital, pude percibir con los ojos que devuelve la extrañeza de la muerte próxima cuánto había cambiado la ciudad, la que no solo contemplaba a través de la tristeza que significa tomar la mano de alguien muy querido que parecía inmortal, solo porque siempre estuvo ahí, a mi lado, sin quejarse; sino porque pude entender que París arde hoy de otra manera, arde de la manera en que ardió La Habana en 1959, bajo una especie de aburrido simulacro reivindicativo que resulta demasiado soporífero por viciado y actuado; pareciera una urbe de esas películas que nos han vendido acerca del fin del mundo.

París arde de mediocridad y de cobardía. Y eso no es precisamente arder de nada, es más bien apagarse, extinguirse en las cenizas de la peor de las miserias: la miseria espiritual.

¿Habría que inclusive bajo estos cantos lúgubres continuar e insistir en una idea de la resistencia? A mi juicio sí. Pero resistir para vencer, no para morir.

«¡PIONERITOS ESPAÑOLES, SEREMOS COMO HAMÁS!»

Dado que los cubanos venimos del futuro, o del recontrafuturo, tal como expresó el escritor cubano Reinaldo Arenas en 1980, la prueba en imágenes en el documental *Nadie escuchaba* (1984) de Néstor Almendros y Jorge Ulla, les voy a contar para qué servirá el Ministerio de Infancia y Juventud, aparte de para adoctrinar a los niños españoles acerca del comunismo, el *wokismo*, el transexualismo y demás estrambóticos espantos, todos innecesarios a la hora de aplicar para una carrera universitaria, lo que tampoco hará falta, porque con solo aprobar las asignaturas antes mencionadas obtendrían, como en Cuba, el aprobado, que no les servirá más que para creerse lo que en realidad no son y nunca serán.

Pues bien, el tal nuevo ministerio inventado exclusivamente para la islamocomunista Sira Abed Rego será muy útil en enseñarles a los niños españoles —a falta del Che Guevara, más conocido por El Carnicero de La Cabaña, debido a la cantidad de tiros en la nuca que abaleó contra cubanos de todas las edades, incluidos adolescentes de entre doce y catorce años— que todos devendrán de forma obligada pioneros islamocomunistas y que serán, no como el Che, aunque también, sino como Hamás; puesto que al presidente Pedro Sánchez presuntamente le encanta el grupo terrorista, y al grupo terrorista le priva Pedro Sánchez... Tanto que, quién sabe, en cualquier momento como con Bildu pudiera proponer y disponer una representación ministerial de Hamás en el Gobierno español. Oh, ya la tiene, y estamos refiriéndonos a ella.

Pero volvamos al Ministerio de Infancia y Juventud conducido por la extremista de marras que no dudó en homenajear en una ocasión a una ponebombas llamada Leila Khaled del Frente Popular para la Liberación de Palestina; pueden estar seguros de que ningún bienestar saldrá de ese ministerio liderado por semejante personaje con relación a los niños. Abrazada en una foto que ha dado la vuelta al mundo con el dictador pelele de Cuba, Miguel Díaz-Canel, que tras las manifestaciones del 11 y 12 de julio del 2021 encarceló a 39 menores y jóvenes; uno de ellos acaba de morir en la cárcel, Luis Barrios Díaz, solo porque había salido a manifestar pacíficamente contra quienes oprimen a Cuba desde hace más de 65 años y porque no quería que la infancia de su hijo recién nacido se pareciera a la que él tuvo: una infancia cundida de horrores cotidianos, de privaciones de todo tipo, de lavado continuo de cerebro y de enfrentamientos permanentes en contra de la propia familia, y mucho más.

Una infancia y una juventud donde obligan a chivatear a los propios padres, en la que se aprende a leer y a escribir con consignas y lemas afines a la figura única del régimen, en este caso sería —no ya el Cenicero Castro— el Pedrusco Sánchez, como podrán ver en los libros de textos escolares cubanos, con ilustraciones de niños armados hasta los dientes.

Una infancia en la que a los siete años prohíben la leche que le venden a los padres mediante una carta de racionamiento, y una juventud en la que reprimen pensar por ti mismo, dentro de la cual no se puede oír la música que quieres, ni vestirte como anhelarías, y mucho menos aspirar a nada, cero aspiraciones, como no sean las que reverencien al régimen comunista.

Enseñarán a los niños españoles a usar armas, a tirar y a tirar bien, con puntería y con odio, el odio es esencial, para cuando tengan que enviarlos de carne de cañón a una guerra ajena, como esta de Rusia contra Ucrania, donde combaten actualmente jóvenes cubanos enviados bajo engaño de contratos falsos a combatir en la primera línea. Serán apresados probablemente por hacer terrorismo, porque les enseñarán a ser terroristas, se lo impondrán, pero no importa, siempre habrá una negociación horrenda que los liberará y los presentará al mundo como víctimas, cuando en realidad son victimarios, verdugos imberbes; en el mejor de los casos muy a su pesar, en el peor, conscientes de serlo.

Tendrán, con suerte, que exiliarse masivamente, pero afuera no les reconocerán su causa, porque una vez que se deja de ser soldado islamocomunista se deja de ser interesante y de existir para el resto del mundo, hasta que uno a uno esos países vayan cayendo y entonces... Entonces tú tengas que repetir —aunque te advirtieron que no votaras por eso, como los cubanos le advertimos a los venezolanos— que «vienes del futuro». Entonces, cuando eso ocurra, te ruego, no hagas como la mayoría de los venezolanos, no te olvides, pionerito militante español, de citar a Reinaldo Arenas.

ALIANZA JUDEOCRISTIANA CONTRA EL AISLACIONISMO

Occidente necesita con urgencia una fuerte alianza judeocristiana, de lo contrario perderemos sin remedio frente a una creencia organizada que por el momento no hace lo necesario masivamente por condenar y frenar el terrorismo: el islam.

Afirmar esta verdad de Perogrullo puede significar que tilden a quien lo exprese como de extrema derecha, cuando en realidad quienes son de extrema ultraderecha son los que ejercen brutalmente el terrorismo, asesinando a inocentes, y también sus aliados.

¿Por qué entonces no les llaman nazis a ellos, a los terroristas islamistas, y, por el contrario, llaman nazis a quienes defienden la libertad y la paz sin los fantasmas nefastos de los comunitarismos y el comunismo?

De la única forma en que Occidente se salvará será impedir que el aislacionismo se ampare de nuestra cultura.

Y bueno, la prensa, ah, esa prensa libre, que de tan libre se ahoga en sí misma, en su propio vómito.

Llevo días sin escribir, leer la infamia me deja inerme.

Definitivamente la prensa es cómplice. Hace poco se quejaba porque, según Hamás, esos hombres desnudos eran pobres muchachos gordos apresados indiscriminadamente por soldados israelíes y no terroristas, hasta señalaron a uno como periodista. Como si dentro de esa masa de desalmados no pudiera haber también periodistas.

El 13 de diciembre del 2023 setenta terroristas de Hamás fueron capturados, se hallaban ocultos como de otro hospital. Por parte de Tsahal el procedimiento es el mismo: se les ordena desvestirse ante la posibilidad de que vayan sembrados con explosivos y se les filma mientras entregan las armas. Nada de abusos.

El noticiero tuvo que dar la información por lo bajo y con la boquita de lado, no les quedó más remedio. El día anterior habían sido asesinados diez soldados israelíes, y nada…

Si no fuera por i24News no nos enteramos más que de lo que a Hamás le interese que sepamos. Ahora, eso sí, siempre culminan con la ignominiosa letanía de «Israel continúa bombardeando», como si Hamás y Hezbollah no siguieran haciéndolo contra Israel, con la complicidad de muchos, la prensa entre ellos.

DESTRUIR ES LA CONSIGNA

Destruir es la palabra de orden de los fascistas y los comunistas, su consigna y motivación permanentes. Destruir en nombre de un mal que por bien no venga.

Durante la ocupación de la Alemania fascista en París, a los nazis, sobre todo a Hitler, les dio por apropiarse las obras del Louvre y llevárselas a Alemania, esa fue la obsesión principal —aunque no la única— que les motivó para que no bombardearan París. Por robar que no quedara, por robar Hitler pensó hasta en desmontar la Torre Eiffel y montarla de nuevo en Berlín. Por suerte, en el Louvre, los franceses tuvieron al director del museo, Jacques Jaujard, que no solo los enfrentó, consiguió salvar bastantes obras, las otras se lograron rescatar con el tiempo.

Existe una novela escrita por Josselin Guillois (1986), publicada por Seuil (2019) en Francia y por Edhasa en España, que cuenta acerca de este despropósito: «El 3 de septiembre de 1939, Francia declara la guerra a Alemania. Unas semanas más tarde, la balanza se inclina hacia las fuerzas del Tercer Reich. No es descabellado pensar que tarde o temprano ingresen en París, poniendo la ciudad y sus tesoros a sus pies. Entre ellos, las obras maestras del Louvre. Jacques Jaujard, director del museo, decide que eso no habrá de suceder. Hay que vaciarlo. Tres mujeres ligadas a él y al arte, su esposa, su ahijada y una antigua amante, participan de esta gesta secreta... Basada en hechos reales, *Louvre* es a la vez una magnífica reconstrucción de la salvación de una pinacoteca excepcional, de la intimidad de tres mujeres que no se dejan vencer por la realidad, de las incertidumbres del deseo en tiempos aciagos. Con mano maestra, Josselin Guillois trama los destinos personales con el destino de un país y su arte más preciado. El telón de fondo es la guerra, el hilo que cose el telón y lo justifica es la búsqueda del amor».

Aclaro: «vaciar» el museo para salvar las obras del horror, no para afanárselas.

En Cuba, los comunistas hicieron más de lo mismo, pero desde luego con la intención de atracar, birlar, mangar y destrozar. No hubo un Jacques Jaujard, me refiero a su equivalente, que detuviera semejante oprobio.

También yo creí, como muchos creyeron, que Camilo Cienfuegos era uno de los buenos de la película de terror cubana iniciada en 1959, tras conocer la noticia de que Fidel y Raúl Castro, esos dos engendros del mal *ñangareta* (comunismo en cubano) se dieron a la tarea de despedir al llamado «Héroe de Yaguajay» de manera expedita y definitiva mediante un accidente de avión del que nunca aparecieron los despojos, y mucho menos los restos de Camilo ni del piloto.

Después de asesinarlos, o sea de «desaparecerlos», Castro ordenó a varias generaciones de niños cubanos dirigirse al Malecón habanero, al mar que bordea aquella isla, para lanzar flores blancas al océano cada 28 de octubre. Primero fueron flores reales, pero cuando la tierra se resecó y esta gente exterminó hasta las flores, llevaron flores plásticas fabricadas en los países del este excomunista; tras el derrumbe del Muro de Berlín se acabaron las plásticas, y llevaron entonces flores blancas de papel chinas; ahora solo van y con sus manitas hacen el gesto mímico de lanzar flores de aire a Camilo, cuyo avión no cayó en el mar ni en ninguna parte, sino en el «mal».

El hecho es que luego de un tiempito Camilo se convirtió en enemigo de los Castro, lo que no quita que antes él también cometiera sus fechorías. Uno de esos desmanes fue cuando le dieron la tarea (que él cumplió con alegría al pie de la letra) de desvalijar la colección de arte del Palacio Presidencial, que era una de las más valiosas de Cuba, una gran cantidad de obras adquiridas con el dinero personal del presidente Fulgencio Batista y Zaldívar, el «malo», que era un hombre civilizado, hablaba inglés y francés, adquiría obras de arte de pintores cubanos, lo que siguió haciendo durante sus dos exilios, algo que se puede comprobar en la sala que lleva su nombre en el Museo de Daytona Beach, en Florida, cuya donación hizo él personalmente, además de haber vivido en esa ciudad.

Existen fotos del desahucio que perpetraron Camilo Cienfuegos y sus secuaces durante los días en que no solo rompieron cuadros y pisotearon obras, entre ellos un retrato al óleo de la primera dama, además se apropiaron de una gran cantidad de arte de esa colección y del Museo de Bellas Artes, cuyos originales los Castro mandaron a copiar, luego colgaron las copias falsas en las paredes y vendieron los originales al extranjero, o sencillamente se las apropiaron sin más, como una de las obras más emblemáticas del pintor Víctor Manuel (1897-1969), titulada *Gitana Tropical*, que se pudo percibir en un vídeo durante una de las visitas de uno de los papas en la antesala de Punto Cero, el búnker de Fidel Castro.

Los comunistas no pueden con la belleza del lenguaje, del idioma; saben que destruirlo, desfragmentarlo, «parametrarlo» (verbo comunista) significa destruir el pensamiento y su esplendor magnificado a través del idioma de las palabras. Lo mismo sucede con el arte, les molesta el arte concentrado en un solo sitio y para disfrute de todos. El arte, lo bueno, la belleza les importan poco, pero el valor contante y sonante del objeto artístico les obnubila, de ahí que vacíen y descompongan salas de museos, palacetes y donde quiera que pervive el arte, pero no para salvar, como hizo Jacques Jaujard, sino para devastar, demoler, depredar... Solo puedo agregar: España, sálvate.

¿Resulta indecente que haga un paréntesis para hablar de arte? No, de ninguna manera. En Tel Aviv una galería que fue destruida por un cohete de Hamás ha vuelto a reabrir con una exposición acerca de los acontecimientos del 7 de octubre. No se trata de un lamento. Es un acto de resistencia, de vida y de arte, como solo podía serlo.

MIERDA FIRME

Ruego me disculpen por el título, pero no se me ocurre otro después de haberme metido a cucharadas y con la nariz tapada, cual remedio amargo, el tochito no escrito por el autor que la cubierta anuncia. Sí, no. Ya ven, una solución a la francesa, el «sí, pero no». Sí, es un libro por la forma y no por el contenido. No, no lo escribió quien lo firma, y quien lo escribió tampoco lo mejora. Y el título es un plagio de otro libro de Matilde Asensi publicado por ¡el mismo grupo editorial!

Estamos frente a un panfleto ideologizante en el peor estilo del género, que coincide en cuanto a transformaciones estructurales de acción, experimentación y de puesta en marcha de varios tipos de terrorismo: real, criminal, psíquico y de gobierno, no menos delincuente; y juro que en el fondo esperaba estas coincidencias, aunque no tan exactamente con otros tres panfletos que le precedieron:

- *El islam revolucionario.* Del terrorista venezolano Carlos El Chacal, verdadero nombre Ilich Ramírez (por Lenin), quien cumple cadena perpetua en una cárcel en Francia.

- *La guerra periférica y el islam revolucionario. Orígenes, reglas y ética de la guerra asimétrica.* Donde «Jorge Verstrynge analiza cómo en realidad el Islam revolucionario ha asumido la modernidad, fundiendo ésta con la idea de revolución y con la tradición islámica, insertándose en el actual proceso de mundialización de una forma peculiar al crear un nuevo internacionalismo desestatalizado. El desarrollo de las armas bacteriológicas, la aparición de las armas genéticas, las investigaciones en torno a nuevas armas químicas son señales claras de hacia dónde se orientarán las guerras asimétricas del futuro…». Aunque valga la distancia y diferencia con el anterior, sus mensajitos conllevan, y ahí lo dejo… El autor es franco-español, nacido en Tánger, y lo mismo fue de extrema derecha que de extrema izquierda.

— *Cien horas con Fidel: Conversaciones con Ignacio Ramonet*, periodista de *Le Monde Diplomatique*, el menos diplomático de todos los medios de prensa, tal vez porque solo se ha dirigido durante un buen rato exclusivamente a diplomáticos de la ultraizquierda. Panfleto en forma de entrevista que «recoge el contenido de las largas conversaciones sostenidas entre el Comandante —Comediante— en jefe Fidel Castro y el intelectual y periodista francés —ah, *tiens*, de origen marroquí— Ignacio Ramonet entre principios de 2003 y mediados del 2005...» O sea, de la peor antiliteratura política que se pueda tropezar uno en la vida, con diferencia. De la insoportable lamebotas y sobaojete.

Mierda firme no aporta nada a lo que ya sabemos, solo baba sibilina. Sin embargo, destacaría que la coincidencia reside en el sentido de la *takiya*, valor de la mentira islamista, que es el sentimiento que mueve al terror y la guerra desatada recientemente por Hamás en Israel el 7 de octubre del 2023, apoyada por palestinos gazatíes, tal como se puede observar en los vídeos tomados por los propios terroristas y palestinos, y que se han ido revelando de a poco.

Quien firma el panfleto, que no es quien lo escribió, es más que un socialcomunista en su conformación de pensamiento y acción, tal como ha probado en las últimas semanas, con relación a Israel, al mostrar su hermandad con los terroristas de Hamás, a tal punto que estos le agradecieron públicamente y le han pedido colaboración directa e inmediata; este tipejo es profundamente «islamorevolucionarista», un islamoguerrillero radical, de los peores. Este irresponsable se propone ahora desmoñingar la Constitución, descoronar a la monarquía y desmembrar España, como mismo hizo Fidel Castro con Cuba. No va a parar. Es una advertencia desde mi libertad individual y desde mi experiencia. Si no lo sacan del poder, conseguirá sus ambiciones más temprano que tarde.

Hay un cuarto libro con el que también coincide en falta de principios y carencia absoluta de humanidad: *Mi lucha*, de Adolfo Hitler. Aunque —y porque— todo lo que en este libro, que yo he retitulado *Mierda firme*, hay que leerlo al revés, donde dice cualquier cosa de «justicia social» solo se hallará *takiya*, embuste, y destrucción inhumana; donde escribe «progresismo» solo quiso decir, y así lo vivirán de forma todavía más grave los españoles, «pobrecismo».

¿Peligro? Sí, lo tiene, y mucho. Porque como mismo en una época en que Hitler quiso hacer de Europa y del mundo su coto de caza, y casi lo logra, la complicidad mundial con este monstruo es todavía tan importante como incomprensible a estas alturas, y como lo fue en el pasado. Solo veamos lo que es el «islamoguevarismo», o «islamochacalismo»… Terror a pulso, fachocomunismo a la orden del día, tinieblas contra la luz.

Insisto: España, sálvate.

ELLAS SÍ ME REPRESENTAN... NO, LAS OTRAS NO

Un grupo de jóvenes tanquistas israelíes, las únicas mujeres tanquistas en el mundo, fueron decisivas para que el 7 de octubre no hubiera sido peor de lo que ya fue. Mujeres jóvenes —ninguna sobrepasa los veintidós años— del batallón Caracal. Ellas sí me representan.

Las neofeministas del *wokismo* NO me representan, de ninguna manera.

Otro grupo de mujeres en Cuba, también jóvenes, entre las que hay muchachas de todos los oficios y profesiones, se encuentran injustamente encarceladas por el mero hecho de haber salido a manifestar de manera pacífica el 11 y 12 de julio del 2021. Al igual que el resto de presos políticos cubanos, hombres y mujeres, 1069 en total, son las grandes olvidados del mundo, de la ONU, y de todas esas organizaciones en defensa de las mujeres. Ellas, y también ellos, esos presos de consciencia, me representan. Son mis hermanos e hijos.

En Irán, numerosas jóvenes han decidido enfrentar al extremismo islámico, a los *mollah*; se han quitado el velo islámico, manifiestan en las calles, a riesgo de ser asesinadas en cualquier sitio a ojos de todos, inclusive dentro de un vagón de metro atestado de testigos... Esas valientes iraníes me representan, son desde luego mis hermanas, mis hijas. Narges Mohammadi, Premio Nobel de la Paz 2023, encarcelada injustamente, me representa y mucho. Porque representa mi extrema lucha por la Libertad, única e indivisible e igual para todos.

Esas bravas chicas israelíes, vestidas con todos los implementos y utensilios de guerra, que todos creía que detrás de esos uniformes solo había hombres, y que cuando se quitaron sus cascos y sus caretas antigases mostraron al mundo sus bellos rostros y sus melenas al viento, me representan, son mis hermanas e hijas. Las mujeres están ganándole la partida a Hamás. La guerra la ganarán ellas, definitivamente. La guerra la ganará Israel, con sus hombres y mujeres unidos en pos de la libertad, de la belleza, de la compasión, de la verdad.

Porque ellas son más que neofeminismo o feminismo. Ellas son valor, valentía, moral muy alta, maternidad y defensa de la verdad al precio de sus vidas. Mis mayores respetos para esas grandes mujeres, chicas israelíes, y mi deseo profundo de que el Sueño con mayúsculas se nos cumpla, a ellas y a mí.

Hasta el día de hoy, Hamás detiene catorce mujeres en cautiverio, sin noticias ninguna de ellas, incluida Naama Levy, la joven de 19 años que apareció herida en varias partes de su cuerpo, con el pantalón del pijama ensangrentado, y arrastrada por los cabellos por uno de los terroristas; catorce rehenes por las que las feministas han mantenido un silencio sepulcral y vergonzoso.

PADRE CASTOR: «COMO CREYENTES CATÓLICOS DEBEMOS ACOMPAÑAR AL PUEBLO CUBANO»

En una presentación se nos anuncia que «Castor José Devesa Álvarez nació hace medio siglo en la ciudad de Camagüey y desde muy pequeño se sintió inclinado a la religión. Su devoción se iba profundizando y hoy en día el sacerdote es ampliamente conocido entre los creyentes de la tercera ciudad más grande de Cuba como el padre Castor. En lo que se refiere a sus primeros contactos con la religión, la madre de Castor tuvo un papel importante, ya que fue precisamente ella quien solía rezar con el muchacho antes de irse a dormir y lo acompañaba a la iglesia. Sin embargo, fue también ella quien le explicó al joven estudiante que no debía hablar demasiado sobre el Dios en la escuela, porque eso podría resultar en complicaciones. Por eso la infancia y la adolescencia de Castor fueron marcadas por un miedo permanente de que alguien descubriera que era católico. Para evitar problemas, iba a leer la Biblia al baño. A pesar de todo el esfuerzo por permanecer fuera del radar, Castor sintió que solo la vida en la verdad le daba sentido. Entonces empezó a expresarse más libremente, lo que resultó en su expulsión de la Universidad de Oriente, donde estudiaba Matemáticas. Fue justo al principio de los años 90, en medio de la crisis socioeconómica conocida como el Período Especial, cuando Castor se quedó sin la posibilidad de continuar con sus estudios. Los esfuerzos del nuncio apostólico y del embajador de España para buscarle una opción de irse a estudiar a Madrid o Barcelona quedaron en vano, ya que el joven no obtuvo el permiso para salir del país. A lo largo de los años, Castor se iba acercando a la disidencia de Camagüey. Eso resultó en su participación en la manifestación del 11 de julio de 2021, en la cual el padre Castor resultó herido por parte de la policía y terminó en la celda. Debido a que había presenciado actos de violencia también en contra de otros participantes en la manifestación, decidió ser testigo en caso de varios de los jóvenes detenidos de los cuales muchos recibieron largas condenas en prisiones. El padre Castor es activo también en las redes sociales, donde se dedica a la divulgación de la fe ya la denuncia de los crímenes del régimen cubano. Fue detenido en varias ocasiones». (https://www.memoryofnations.eu/es/devesa-alvarez-castor-jose-1973).   Lo que yo puedo decir acerca de él es que sus homilías dominicales desde un altar en un pueblo remoto me han devuelto a Cuba espiritualmente, a esa Cuba eterna que él representa.

ZOÉ VALDÉS: Usted fue uno de los principales protagonistas del 11 y 12 de julio 2021 en Cuba, sin proponérselo, solo porque salió a proteger a los jóvenes que fueron apaleados por protestar pacíficamente en contra del régimen; incluso fue también agredido violentamente, lo que demuestra que las autoridades castristas continúan como en los años 60 y 70 sin ningún respeto por la Iglesia y sus curas. ¿En qué momento tras esa fecha y pasado el tiempo se encuentra ahora Cuba?

PADRE CASTOR JOSÉ ÁLVAREZ DEVESA: El 11J fue un momento luminoso en nuestra historia más reciente. Ciertamente, sí salí porque pensé que no podía dejar solos a esos que habían sido opositores ante el peligro, como cuando uno ve a sus hijos que están en riesgo y va a estar junto a ellos. Te diré que, en verdad, en un momento que me apresan, una joven empezó a gritar que yo era un sacerdote, que era un padre, y entonces me sueltan… De manera que vi que todavía existía ese respeto en la gente, sin embargo, ya después que me dieron el golpe me enviaron al calabozo y sabiendo que era un sacerdote me dejaron esa noche en la celda. Inclusive después me prohibieron salir del país, me pusieron una medida cautelar, mediante la cual solo podía ir de la casa al trabajo, la que no cumplí, después de un día… La Iglesia sigue siendo para ellos como un enemigo, o un estorbo… Después de tanto tiempo, cómo veo ahora la situación de Cuba, creo que ha habido un acuerdo tácito, práctico entre el pueblo cubano y su gobierno; dentro del cual el pueblo deja que el gobierno siga, pero le dice al gobierno: «tú déjame irme para el país que yo quiera, salir para el país al que yo decida, no me persigas más», como hacían muchas veces los agentes de la seguridad a los que se iban, y limitaban a la gente con los pasaportes, por las edades para viajar. No, ahora el pueblo ha dicho: «déjame irme para donde yo quiera» y, por otro lado, «déjame hacer el negocio que yo quiera, aunque sea ilegal». Es la razón por la que ves en Camagüey tanta gente vendiendo dentro de sus casas de una manera no formal. Eso es lo que hace que les dejen gobernar, o sea, yo te dejo gobernar y tú me dejas irme o hacer el negocio que yo quiera. Pero estas nuevas proyecciones que tienen ellos, los que gobiernan, para el 2024, se resumen a que vuelven a atacar a los que han ido haciendo su dinerito. Les quieren sacar más. Por otro lado, la política interna de Estados Unidos, del demócrata Joe Biden, que va a querer seguir ayudando a Ucrania y está dispuesto a cerrar la entrada irregular, pues pudiera apretar la situación a los cubanos que desean marcharse, y esto puede cambiar a un conflicto mayor, dentro de una situación en la que el gobierno cubano, ese que ha recibido del pueblo esa dejadez, se ha aliado con el enemigo, que es Rusia. El pueblo cubano siente afecto por Estados Unidos, sin embargo, el gobierno en una situación de ruina económica se unió a otro que estaba buscando aliados cuando se peleó con Europa y Occidente. Entonces se vuelven a juntar, viejas relaciones han resurgido y por tanto en el horizonte estaría una guerra de Angola, segunda parte, y una crisis de los misiles, segunda parte. Así estamos actualmente.

ZV: Se cumplirán 65 años de tiranía en la isla el 2 de enero del 2024. Junto con Corea del Norte, es la tiranía comunista más antigua en el poder. ¿Cómo ha podido suceder esto, y cuál sería según usted el papel de los creyentes católicos cubanos?

PCJAD: Sí, se cumplirán 65 años, pero en distintas etapas; pudiéramos decir que, en una primera etapa del triunfo de la revolución, de esos primeros treinta años, pues están marcados por un pueblo que dejó que entrara la ideología marxista leninista, el comunismo, por su frivolidad, debido a la violencia y la soberbia. Entonces, esa riqueza robada por el Estado a nuestra nación, pues hizo que duraran así esos años, aparte del apoyo de la URSS. Cuando cae la Unión Soviética hay ya un pueblo deformado por el paternalismo, que todavía no estaba preparado para un sistema distinto, muchos se van… Empieza un camino de profundización, de eliminación de esa soberbia. Cuando este pueblo cayó en una crisis sociológica, en la que se preguntaba «¿para esto yo he luchado?», fueron numerosos los que se acercaron a Dios, a la Iglesia. Se inició un camino distinto, que en 1998 llegó a una cumbre con la visita de Juan Pablo II. Pero después Fidel Castro logra infectar a Latinoamérica con el ALBA, y consigue reponer la economía con otra fuente, en Venezuela, y mientras tanto el pueblo cubano estaba como que jugando a esa historia del Estado paternalista… Nosotros, como creyentes católicos, debemos seguir acompañando a un pueblo que vivió el ateísmo después de su soberbia y, al verse en crisis, comenzó a encontrarse con Dios Padre. Ahora, nos haría falta que como cristianos se encuentren con Dios Hijo, con Jesucristo Libertador, es decir, un pueblo que quizás quitó al Estado y puso a Dios en el lugar de ese paternalista Estado, que le pide a Dios, le toca comprender que le toca ahora darle a Dios. Porque Cristo nos enseña el camino de la libertad, es decir, libres del pecado y del mal, pues responder con nuestras decisiones, con nuestro amor. Creo que una tarea importante de los católicos es dar esperanzas a un pueblo que está frustrado y desanimado por la derrota del sistema humano, pues toca invitar al pueblo a un sistema humano-divino, es decir, que sea un pueblo que asuma el regalo de Dios, que nos ha dado el Reino de los Cielos, y cómo lograr que sea aquí en Cuba el Reino de los Cielos, como rezamos en el padrenuestro, «venga a nosotros tu reino, y hágase tu voluntad aquí en la tierra cubana como en el cielo». Es importante para nosotros darle a nuestro pueblo la esperanza, y que la humanidad pueda tener una vida de paz, con Dios, con Jesucristo. Esas enseñanzas que nos dio Dios, que nos da Cristo, esas herramientas para la felicidad.

ZV: El mundo no va mejor... Dos guerras, Rusia invadió a Ucrania y los terribles sucesos del 7 de octubre acaecidos en Israel, más la intolerancia mundial, que ahora se nota más claro, contra el pueblo ucraniano primero y ahora, de forma bestial, contra Israel y su heroico y ejemplar pueblo. ¿No cree que sería necesario, pese a las diferencias, una resistencia o alianza judeocristiana occidental?

PCJAD: En la paz supone que haya justicia, verdad, libertad, caridad. Europa está dormida pensando que Rusia no se atreverá a más, pero no es seguro para un pueblo que debe abandonar su soberbia y su división con Occidente. Pedimos a Dios la conversión de Rusia y su Iglesia ortodoxa, pero antes no podemos descartar una guerra directa entre los países europeos que apoyan a Ucrania, pero no han puesto a sus hombres contra Rusia. Es fácil enviar lo material, pero posiblemente habrá que unirse a la guerra para poder parar a esa potencia, que además amenaza con Irán y demás pueblos de la Media Luna, que los siguen. Esto pondría un reto a Occidente, junto con Israel, quien también esperamos que se convierta al cristianismo y se puedan unir con la mente a nosotros. Creo que tanto Israel como Occidente necesitan de esa conversión. Occidente se ha alejado del Cristo Libertador, e Israel, que se debiera unir más plenamente a nosotros, debería aceptar el camino del Mesías. Ambos no dejan de tener responsabilidad en la guerra. Rogamos a Dios que un día llegue la paz y la unidad de musulmanes y judíos con los cristianos en una misma fe, en el Mesías, cuyo nacimiento estamos por celebrar.

ZV: Por otro lado, observamos una politización a nivel global hacia un solo sin sentido, el extremismo *woke* unido al islamosocialismo. Y, por fin, el surgimiento de un movimiento de conservadores, como el de La Libertad Avanza de Javier Milei en Argentina, el último en ganar las elecciones en su país, que enfrenta a esa sinrazón de sucesivas violencias. ¿Qué piensa de esto, pudiera surgir algo similar en Cuba que enfrente a la tiranía con una fuerza arrolladora...?

PCJAD: Sí, pudiéramos esperar un cambio de sistema en Cuba. De hecho, considero que este próximo año traerá definiciones. La Cuba actual no es la de hace treinta años, hay más libertad económica, mucha gente comienza a manejar su dinero independientemente del salario estatal. Hay más gestión privada con los cuentapropistas y MiPymes. Hay mayor libertad de salir del país, se obtienen los pasaportes, mayor libertad de información. Tras treinta años hay más libertad política, encuentras opositores y disidentes en sus casas, y la gente conoce no solo al partido comunista, sino a otros que se oponen al sistema; hay más libertad religiosa, que se ha ido ampliando, pero todavía no hemos llegado a ese estado de libertad suficiente como para desarrollar todos nuestros talentos y aprovechar esta isla bella que Dios nos ha dado, y desarrollar nuestro carácter con toda la gracia que hemos recibido. Falta ese espacio decisivo de liberación institucional del sistema, y que construyamos otras estructuras sociales. Se avanza en esa dirección, este año próximo deberá ser un año definición en el que el pueblo frente a los conflictos que se puedan agudizar, pues deba tomar una decisión definitiva: si va a seguir hundido en esto o va a tomar otro camino, otro sistema social. Se acerca un momento de maduración y definición.

ZV: Hace algún tiempo me habló de la posibilidad de que el orden mundial se invirtiera; también recuerdo nítidamente que me dijo: «Entonces Cuba habrá cambiado para bien, y muchos irán a Cuba a refugiarse, y no al revés...» ¿A refugiarse del horror, quiso decir...? ¿Sigue pensando igual con relación a esa posibilidad?

PCJAD: Sigo pensando igual, tengo esperanzas en el futuro de Cuba. Un futuro de paz y de un progreso impresionante, veo un lugar de oportunidades y libertades. Pienso que uno de los pueblos que está más claro de lo que es el cáncer del comunismo, que ha ido avanzando en el mundo, es el pueblo cubano. Hemos desarrollado una serie de mecanismos que parten de una experiencia de procedimiento ante esa esclavitud que nos podría ayudar e incluso ayudar a otros pueblos en el caso en que nos libremos de este error. Ya José Martí hablaba de la «futura esclavitud». Nuestra propia situación no solo crea ansias inmensas en el pueblo de cambiarla, sino que impide que los poderosos la ambicionen, eso nos daría ventaja en querer darle la libertad en un futuro de paz y de independencia como nación para desarrollar nuestras potencialidades.

ZV: Sé que usted lleva a España en el corazón, no sé si está al corriente de las manifestaciones de españoles en Ferraz, a pocos metros de la Sede del PSOE, a diario, y de la policía persiguiendo y acosando a los que allí vamos (fui tres noches) a rezar el rosario. Lo hacen cumpliendo la orden de Pedro Sánchez y del ministro del Interior Marlaska; ¿qué imagen le traen a la mente estos tristes sucesos?

PCJAD: Los sucesos en España me traen a la mente el camino de esclavitud que ató al pueblo cubano al inicio de la revolución. España se ha alejado de Cristo y ha emprendido un derrotero que la va encadenando a la cefalopatía de un sistema comunistoide que tiene que cargar con el peso de mantener en la casta política que va creciendo. He sufrido al ver a un pueblo alejarse de su riqueza espiritual y desconectado de las causas de su progreso. Especialmente los jóvenes se han adormecido con la vanidad de la vida *light*. Todavía le falta al pueblo español para liberarse de ese destino que se han ido formando. Es esencial para la nación madre resucitar con toda su riqueza milenaria y nutrirse de su historia de gente santa.

ZV: En días navideños, del nacimiento del Niño Jesús, además de compasión, de la búsqueda de la verdad, del respeto a la vida, de la conquista de la libertad, que Jesucristo nos entregó en el amor de Dios, ¿cuáles serían sus palabras para los exiliados cubanos, para los españoles, para Cuba? ¿Su mayor deseo?

PCJAD: Palabras para los exiliados cubanos: no rendirse en la pelea por recuperar la tierra que les pertenece a ustedes también por ser, como todos nosotros, una misma nación. No perder la esperanza de lograr la paz y la unidad de los cubanos en una nueva Cuba, en la que fructifiquen nuestros talentos y dones. Mantenerse vivos donde estén, para que juntos demos vida un día a nuestro moribundo país, y lo resucitemos para que se brille como una bella nación. Y la certeza de fe de que Cristo nos ama también a los cubanos, a nuestra nación cubana, y nos puede guiar en esa resurrección. Para Cuba, que se prepare para despegar, para salir del odio, y calmar todo lo malo que hay aquí y combinarlo con lo bueno. Que no se deje guiar nunca más por la oscuridad del odio y la lucha de clases, de la división entre cubanos; que tomemos la ruta del respeto y el amor entre nosotros, respeto al talento ajeno y la aceptación de la verdad. Aunque el camino sea doloroso, no dejemos de llegar al final a través de la paciencia y el perdón, que creamos que podemos vivir en la justicia y construyamos una sociedad alegre y viva. Mi mayor deseo, que nuestro pueblo ame a

Cristo, que pueda entender la riqueza de seguirlo y que Cuba sea cristiana, sea una tierra del reino de los cielos.

ZV: Y una última pregunta místico-filosófica, ¿cuál sería el mayor misterio del cristianismo? ¿El alma de Jesucristo? ¿La Virgen María? O, ahora que tanto se hace referencia al sexo, ¿el sexo del Espíritu Santo? ¿Todo junto? Muchas gracias.

PCJAD: El mayor misterio del cristianismo es Dios mismo, que solamente se entiende *per se*, que ha querido revelarse; nosotros lo entendemos en parte, no completo. Pero, además, no solo de Dios; también el misterio de la unión de Dios con el hombre, que lo celebramos en la Navidad, en Emmanuel, el Dios hecho hombre. El hecho de que Dios no se canse de nuestra maldad e indiferencia y haya logrado unirnos con él, cuando se unió a la humanidad al tomar nuestra naturaleza, uniéndola a él en la persona de Cristo, y nos dé a nosotros la oportunidad de entrar a vivir con él en su casa, sea él nuestro último premio, respetando nuestra libertad. Con respecto al sexo, qué te diré, la distinción de personas de Dios es lo que creo que nos brinda la diversidad del ser, de distintos entes, y precisamente de las personas humanas. Esa diferencia que distinguió Dios en el ser, de hacerlo varón y mujer, nos conduce a comprender a Dios, puesto que él es imagen y semejanza de Dios. Así como la mujer y el hombre tienen cada uno lo que tienen que tener para ser un ser humano, pero son distintos, así mismo el Padre y el Hijo son dos personas distintas, aunque de la misma naturaleza divina. Y como en la unión del varón y la mujer surge otra persona, viene otro ser humano, un hijo amado por ambos, en el que se deleitan los padres, del mismo modo el Espíritu Santo, en el que se deleitan el Padre y el Hijo, proviene de ambos; es así que el misterio humano, la naturaleza humana, nos lleva a comprender la naturaleza divina. En esta Navidad celebramos que la naturaleza divina haya deseado unirse a lo humano, y nosotros a su vez podamos llenarnos de la naturaleza divina. Gracias, Zoé, por tus preguntas, que me han puesto a pensar.

65

Tras sesenta y cinco años de criminalidad subversiva, guerrillera y terrorista, «el pequeño gran hegemonista», como China ha renombrado a esa isleta en medio del Caribe en forma de caimán (China se considera «el gran hegemonista»), Cagonia, la he rebautizado yo, capital Mierdalia, ex Cuba, constituye con Corea del Norte la tiranía comunista más antigua del mundo. Comunismo igual a hambre, miseria, desolación, sangre y lágrimas —el sudor se lo debo, me hubiera gustado hacerle honor a uno de mis grupos de *rock* preferidos, pero si no hay ni agua para bañarse en una isla rodeada de mar, ¿cómo va a haber sudor pese a las altas temperaturas achicharrantes? «La gente aquí ni suda ya, deambulan resecos, cual zombis calcinados. Eso sí, la peste a podrido se ha generalizado tanto que hasta el olfato huye del hedor», me comenta un familiar.

La isla idealizada por los policías escritores y los amantes de los cundiamores no es más que una lagartija árida, cuyo verdor ha mutado en el grisáceo de un acero «inolvidable», donde apenas crece el marabú, que no solo crece hacia arriba, además invade hacia abajo. Donde cae el comunismo se acaban hasta las piedras. Si el comunismo cayera en el Sahara la inminente carencia de arena conduciría a los beduinos al suicidio colectivo. Eso es también el comunismo, suicidio masivo.

Leí hace unos días que el títere que mal gobierna, el pelele de Raúl Castro y de Alejandro Castro Espín, Miguel Díaz-Canel, efebo fofo, declaró que va a subir los precios; por fin pondrá mano dura en la economía, habrá que apretarse los cinturones… ¿Precios? ¿De qué productos? ¿Cuál economía? ¿Qué cinturones, si los hombres no tienen ya ni pantalones? Eso hará este manofloja, bueno para nada; ah, sin embargo, al que hay que atacar es a Javier Milei, pues se propone enderezar la economía de Argentina, devastada por los segundones del castrocomunismo.

Lo que ha hecho Milei, tras sus cientos de medidas, todas extraordinarias, es que después de los piquetes y las manifestaciones del bolichurrismo en protesta le ha pasado la factura que tienen que pagar los sindicatos y organizaciones de piqueteros a la policía y agentes del orden. Aplausos de pie.

Hace poco pensaba que los cubanos no hemos tenido suerte: cuando heroicos combatientes se levantaron en armas contra el comunismo nos dejaron solos y olvidados en la lucha del Escambray, allí se produjo una resistencia anticomunista de siete años; también la gloriosa Brigada 2506, en 1961 entró en la isla por Bahía de Cochinos, a la que Kennedy traicionó, como siempre hacen los demócratas, y los americanos en general; allí donde huelen que van a perder dinero con una guerra que ellos mismos han iniciado o continuado, levantan la pata y se largan sin un *«nice to see you»*.

Por 65 años el castrocomunismo hipnotizó al pueblo vendiéndoles la quimera de que el futuro sería mejor, en el infierno de las consignas debíamos recitar en letanía «somos felices aquí», el enemigo yanqui nos iría a invadir, «pim, pom, fuera, abajo la gusanera»… Pero como en el poema de Constantino Cavafis, anocheció: «Porque se hizo de noche y los bárbaros nunca llegaron… ¿Y qué va a ser de nosotros ahora sin bárbaros? Esta gente, al fin y al cabo, era una solución». Pero no, nunca fueron ni a pedirnos perdón por habernos sembrado al monstruo barbudo ególatra con tal de quitar al «negro del poder». «Fidel, Fidel, acaba de sacar al negro del poder», coreaba la burguesía habanera. El negro era Batista, *el malo*, con él el país refulgió como nunca. Eso sí, llegaron otros bárbaros, los rusos, militares soviéticos, fuimos sometidos a treinta años de agobio y persecución *bola*, enseñaban el ruso hasta por la radio, penalizaron los dólares (ocho años de cárcel por un dólar), el turismo no existía, el hambre era peor que ahora. Hoy, por lo menos, las bandejas parecen nuevas y llevan el logo del legado del Orador Orate para que te lo comas sin pan.

Los americanos advirtieron que no irán a salvarnos, es lo que invariablemente hacen, si te he visto no me acuerdo… Los cubanos no están armados, lo primero que hizo Castro fue desarmarlos, luego desalmarlos: «¿Armas para qué?», pronunció en un mega discurso de siete horas en el que, al ver caer a los niños como moscas, desmayados de hambre y sed, los señalaba desde la tribuna: «Miren cómo se emocionan estos pioneritos con mis palabras…». ¿Almas para qué? Fui una de esas niñas desmayadas, nunca ansié más oír aquella frase que sellaba cada discurso: «Patrrrrria o muerrrrrte», por fin podía huir hacia el océano ensordecedor. Apenas podía atender a clases, el maestro me mandó al oftalmólogo, pensó que era miope; el oftalmólogo hizo una nota a mi madre: «Además de miope, lo que más tiene es debilidad». Mi madre lloraba sentada en un banco junto al fogón de keroseno, sin keroseno, pues no había llegado a la bodega por la libreta de racionamiento; maldecíamos juntas… Es largo de contar, en mis libros está todo, no voy a remitirlos a leer tanto abuso, solo quiero que se lleven una impresión del horror inoculado cual vaselina. Me fui de Cuba porque llegó un instante en que era físico, no podía respirar. El sofoco, el ahogo, empezaron a matarme lentamente.

No reclamo nada a EE. UU., se pueden ir a freír «tusa». Pido a Bukele, a Milei, a Victoria, a Patricia, a Tsahal y hasta el Mossad, cuando terminen con lo suyo, si les sobra tiempo, envíen batallones de soldados a la isleta de las auras tiñosas. Arrasen. Dos horas de fuego valdrán más que toda una vida de humo comunista. Arranquen de cuajo la cabeza de la hidra. El dos de mayo cumpliré 65 años, no he conocido más que esclavitud en mi país.

NO SÉ QUÉ DECIR

Es el primer fin de año (escribo esto el 31 de diciembre) en el que no sé qué desearles para el año que comienza. Tal vez de forma sencilla diré que pensaré en todos ustedes, y en ver cómo les paso el mensaje para que entiendan que hay que cambiar los planes; sí, esos planes de vivir mejor, que es de lo que se trata. O sea, para vivir sin tanta candanga, y volver a disfrutar algo de libertad. Porque dejémonos de idioteces, España se ha perdido, y hay que ver cómo recuperarla. Dudo que Cuba se recupere alguna vez. Francia cada vez me importa menos, dado que yo no les importo a ellos, pese a que les he dado la mitad de mi presencia. Subrayo «presencia», que no existencia. Existo en mi mente y mis lugares elegidos por la imaginación.

Me preocupa Israel, sin Israel y su firmeza estaremos todavía más perdidos. Con el resto ya lo estamos bastante. ¿EE. UU. me inquieta? Sí, indudablemente, pero EE. UU. ya está al nivel de Francia. No se quiere. Y cuando los países dejan de quererse, o sea, cuando los ciudadanos de esos países se olvidan de quererse y respetarse, pues… se acabó el querer, se acabó lo que se daba, el último que apague la luz.

Argentina todavía se quiere. Lo he conversado bastante con amigos argentinos. Solo con amor y furia se podía cambiar ese país, y en ese trámite andan. Javier Milei es un patriota que ama a su país, y está luchando para sanarlo. Lo conseguirá.

Confío en Santiago Abascal, presiento que es un hombre de

principios, en su partido no es el único. Creo que Vox dará sorpresas y procurará mejores momentos a España. Porque Vox quiere devolver la fe y el amor a los españoles, se bate a diario contra el odio y la desidia.

En Cuba, veo a Eduardo Cardet, líder del Movimiento Cristiano Liberación, aunque, eso sí, está muy solo, y tan olvidado como Cuba misma. Cardet tiene que comprender que hay que sacar a Cuba del extravío, y colocarla en el pedestal que le corresponde; él lo sabe, por eso se bate contra la amnesia cotidiana, aunque se lo dificultan. Y no solo se lo complica el régimen comunista, que es el que más. Estorban la cantidad de «divas» inútiles de la oposición creada por el régimen, y el burujón de oportunistas que solo piensan en ser presidentes de aquella isla. Cuba es una isla en la que todo el mundo quiere ser presidente. Todos, menos yo. ¿Tendrá Cuba salvación? En manos de hombres y mujeres de fe y valores sí la tendrá. Porque solo con fe y con valores se podrá empezar a construir desde el alma, desde la semilla, desde la luz.

En cuanto a mí, he reducido mi actividad a escribir más, a hablar menos, a leer, trabajar, rezar. Rezo mucho para mis adentros. Cada vez más. No como un mantra catoliquero, no. Rezo para que Dios me oiga, ojalá lo haga y no lo aburra con mis letanías, cada vez más centradas en mejorar ese concepto de espíritu… Tal vez lo que debiera hacer es desgajarme de tanto concepto e introducirme en una sensación, más que en una idea, del espíritu. No es vejez, es manía. Desde niña he sido siempre muy maniática, metódica, masinguillosa.

Creo que la solución sería buscarnos todos y hallarnos en una resistencia judeocristiana, sin necesidad de que unos se conviertan en los otros, sin añoranza alguna de convención. Solo de unirnos y resistir, colocar la vida frente a la muerte, anhelar intensamente la vida…

Hoy cociné para esta noche frijoles negros cuajados, arroz blanco, albóndigas, que tanto le gustaban a mi madre, ensalada para refrescar el paladar, crema de limón, que tanto agradaba a mi abuela, y las uvas, tan españolas. Eso es ser cubana, una mezcla de sabores, de olores, de posible entrega ferviente bajo esos paladeos y aromas.

Mientras que las francesas cuando cocinan, si es que lo hacen, se cocinan para ellas, en cambio yo cocino para los demás, aunque esté sola. Aunque esté con mi amor y mi gata. Aunque no venga más que Dios, porque para él cocino, principalmente. Tal vez porque piense que haciéndolo Él entienda que es una manera perpetua de agradecerle su Eternidad.

Como ven, trato de llenar el espacio para evitar confesarles que estoy muy triste por mi segundo país que ya es casi el primero, España, y que para España escribo ahora, como cuando escribía para Cuba. No sé por qué me hago esta especie de cuento chino de que mis palabras pudieran servir para cambiar algo, lo mínimo, lo suficiente, o al menos para aliviar. Lo siento, de verdad, por ustedes y por mí.

De cualquier modo, que el 2024 nos sea leve, y que recobremos la cordura. ¡Amemos a España! ¡Apiadémonos de Francia! ¡Apoyemos a Israel! Lo necesitaremos.

FRACASO, MISERIA Y MUERTE

Y, como ya dije, por fin llegamos a los sesenta y cinco años de tiranía comunista.

Ninguna revolución perdura sesenta y cinco años, por muy personalizada y centrada en un producto de *marketing* en el que deseen ubicarla. ¿Cuál era ese producto de *marketing*? Nada más y nada menos que la justicia social y la igualdad, o sea, el comunismo mutado en bienestar del pueblo. ¿Quién creó ese producto de *marketing*? Fidel Castro, inspirado en el comunismo, el hijo bastardo de un gallego de Láncara, latifundista, que hizo fortuna en Cuba a punta de escopetazos, robando terrenos —mientras sus dueños dormían, Ángel Castro descorría las alambradas de púas y se apropiaba de las tierras de sus vecinos—, además de matar de inanición y de esfuerzo o a tiro limpio a sus esclavos haitianos.

Toda esa extraña personalidad de Fidel Castro la analicé en *La Ficción Fidel*, Planeta, 2008, un libro que generó una persecución sin sentido —aunque con precedentes en España— debido a la mera citación de un artículo en el que para colmo nombraba al autor; la editorial debió reeditar el libro sin esas páginas, aunque decidí mantener la citación del título y del nombre del autor. Exactamente lo mismo ocurrió años antes con *Mea Cuba*, el célebre libro de Guillermo Cabrera Infante, que Felipe González ordenó retirar de las librerías españolas por orden expresa de Fidel Castro, soplada en el oído del presidente socialista a través de Gabriel García Márquez. Otro libro silenciado en España, solo porque abría la caja de Pandora de la verdad histórica sobre Cuba y los intelectuales europeos, esa susodicha revolución que no lo fue, pues se quedó en ridícula revuelta, y de su principal protagonista, Castro y el comunismo, es *La Luna y el Caudillo. El sueño de los intelectuales y el régimen cubano (1959-1971)* de la socióloga, historiadora y reconocida ensayista francesa Jeannine Verdès-Leroux, publicado en Francia por L'Arpenteur, que le valió el prestigioso Premio Biguet de la Académie Française en 1990 y que, pese a mis esfuerzos, nadie ha querido publicar en España.

Sin embargo, muchos han bebido de ese libro, incluida yo, pues Jeannine Verdès-Leroux escribió ese ensayo tras una precisa investigación realizada en los archivos de la legendaria *Revista Bohemia*, y en los archivos ocultos o semiescondidos de la revolución castrocomunista. ¿Cómo llegó a ellos? Como solo lo consiguen las personas inteligentes y valientes, mediante subterfugios y un prodigioso interés en suplantar la mentira por la verdad. Entonces, el mejor libro sobre esa época lo ha escrito una francesa, de quien me vanaglorio de ser su amiga; que no ha sido traducido al español, con lo necesario que es sobre todo ahora en que un régimen muy parecido al de Cuba se enraíza en España.

Entre los libros que bebieron del suyo, está, desde otra perspectiva más cercana en el tiempo, el de los periodistas Jean-François Fogel y Bertrand Rosenthal, titulado *Fin de siglo en La Habana. Los secretos del derrumbe de Fidel*, publicado en español por TM Editores (1994), y que pretendía ser el último libro sobre el horror castrocomunista en la isla. Evidentemente no lo fue.

Si con la cantidad de libros que se han escrito y publicado sobre Cuba y su estrepitoso fracaso en estos 65 años se pudiera liberar una nación, no solo Cuba al fin habría sido libre, el mundo también se hubiera ahorrado el tremendo pesar del castrosocialcomunismo que en los últimos tiempos se ha actualizado bajo el concepto —¿postmoderno de Hugo Chávez?— de socialismo del siglo XXI. Pero lo que empezó con plomo, solo con plomo caerá. Y si no se ha producido esa caída no ha sido por falta de hombres y mujeres con valor. Ha sido por complicidad, colaboracionismo, indolencia y olvido en el plano internacional.

En el libro de Fogel y Rosenthal, en el que indirectamente puse mi granito de arena, pues todavía me hallaba en Cuba y pude apoyarles desde allí, también donde los conocí a ambos y entonces devinieron mis amigos, escriben lo siguiente muy al inicio del volumen, en un acápite titulado «Machado, Batista, Castro»:

«La señal del desenlace es bien conocida; todos sonríen: "Todo habrá terminado, dicen los habaneros, cuando un tipo nos despierte una mañana diciendo *good morning*". Última colonia española (emancipada en 1898), convertida inmediatamente en primera colonia de los Estados Unidos, Cuba es una isla que ha tratado de cambiar de archipiélago, de pertenecer a una Eurasia socialista que se extiende desde Alemania hasta Vietnam. A la hora del fracaso, su ambición tan sólo deja la excusa de haberse empeñado en lo imposible…».

Los autores aciertan a medias, en el típico *oui, mais non* francés, el «sí, pero no» vacilante galo que tanto les ha vencido a lo largo de su propia historia. No todos los cubanos creíamos ni creemos en la intervención norteamericana, la que, visto lo visto, y oído lo oído en palabras del senador demócrata Bob Menéndez tras los sucesos del 11 y 12 de julio del 2021, durante los que el pueblo cubano masivamente se lanzó a las calles a protestar pacíficamente y a exigir libertad, lo que generó una cantidad enorme de presos políticos, más la expectativa de una intervención militar humanitaria por parte de los norteamericanos, y cuando este señor respondió de forma tajante que una intervención norteamericana no sucedería jamás… Se supone que no exclusivamente debido al pacto de no agresión tras la crisis de los misiles (1962) en la que Castro puso al mundo en peligro de una Tercera Guerra Mundial, pacto no vigente tras la desaparición de uno de los protagonistas, la Unión Soviética (URSS), además porque Estados Unidos ha demostrado, administración tras administración desde hace más de seis décadas, que prefiere a una Cuba sumida en la esclavitud y la pobreza del comunismo que libre y próspera como lo fue en 1957, año en el que ocupaba junto a Argentina y Venezuela el tercer puesto entre los tres primeros, en el mayor grado del escalafón económico jamás imaginado para una isla.

Otra imprecisión: «emancipada» no sería el término justo. ¿Se olvidan del Tratado de París mediante el cual Cuba pasó de manos españolas a norteamericanas sin que ningún cubano asistiese a semejante traspaso o «subasta»? Así y todo, Cuba no fue colonia de España, Cuba era España, o sea, española. Tampoco fue colonia de Estados Unidos; Cuba pasó a estar bajo protectorado del país del norte con el objetivo de sanear algunos desmanes provocados por los gobernadores españoles y por la guerra de independencia, sí, hubo descalabros de ambos bandos. Uno de esas desdichas, imperdonable, fue la caída en combate, herido de muerte, por una bala —¿española, cubana?— de José Martí, hijo de españoles, de una canaria y un valenciano, cubano y español él mismo. Si por un lado el pensamiento salvó a Martí, la acción que lo desvió de sus ideas lo mató para revivirlo en el alma cubana. Se cuenta que es muy probable que quien estuviera detrás del fusil que disparó contra el más grande todos los cubanos fuese el joven Ángel Castro —sí, ironías de la vida. El predominio de los conceptos erróneos entre acción e ideas acabó con esa isla. Un lenguaje errado que venimos arrastrando desde hace más de un siglo.

Otro yerro craso: Cuba es una isla. Sin embargo, las islas que la rodean hacen de ella un archipiélago, no es que haya querido serlo, es que su condición geográfica así la define. La insularidad moldeó su carácter e idiosincrasia, el cubano criollo devinoególatra y bambollero... Por otro lado, Cuba no quiso ser Eurasia, sino que fue precisamente el mayorególatra y bambollero de Cuba, Fidel Castro, hijo de Ángel Castro con la criadita de la casa, quien la introdujo en ese rumbo, siguiendo el proyecto de los comunistas infiltrados en la isla desde mucho antes de la época del presidente Gerardo Machado, o sea, desde 1919. Y «empeñarse en lo imposible» no es únicamente la fuente del fracaso. Al fin y al cabo, José Martí tenía razón, aunque no a nuestro favor, ni en el suyo propio, cuando escribió «*Lo imposible es posible. Los locos somos cuerdos*». La llegada de Fidel Castro al panorama político cubano probó que lo imposible puede resultar peligrosamente posible cuando un loco de atar, mediocre, acomplejado de ser bastardo, entró en el juego y, con el apoyo de Estados Unidos, hace posible que la cordura se malogre y transforme en ideología de a tres por quilo, que una nación con sus valores se convierta en república bananera comunista del día a la noche. Solo por «sacar al negro del poder». El negro era Fulgencio Batista y Zaldívar; y la burguesía cubana de la época se comportó con su presidente de una forma profundamente despreciable y racista.

Porque sí, la noche llegó, como contó y explicó muy bien el excomandante Huber Matos, antiguo maestro (22 años de cárcel en las ergástulas de Castro), en su libro *Cómo llegó la noche*, y aunque no será eterna, al decir de otro gran líder opositor del Movimiento Cristiano de Liberación, Oswaldo Payá, asesinado por Raúl Castro, que también escribió *La noche no será eterna. Peligros y esperanzas para Cuba*, Editorial Hypermedia, 2018, la nocturnidad y alevosía van siendo ya demasiado largas y dañinas, horrendas no solo para Cuba, también para el mundo.

En el libro de Fogel y Rosenthal también se lee:

«Jamás la historia será equitativa con Fidel Alejandro Castro Ruz. Por haber nacido con la personalidad de un Alejandro el Grande, en una pequeña isla de palmas y de caña, por haber creído en el leninismo hasta el crepúsculo del marxismo, permanecerá como una figura fuera de toda proporción, fuera de su tiempo y aún de la razón, con su insistencia en prometer la tempestad sin contar siempre con el trueno.

Sus esfuerzos, sus cálculos, sus locuras, desmienten el famoso "ningún hombre es una isla" del poeta John Donne. Cuba es Castro naturalmente… Pero Fidel, es mucho más que su isla. Es el caudillo más lírico que América Latina haya producido. Un patriarca demiúrgico, teatral, vano, loco, soñador, implacable. Un revolucionario que, una vez en el poder, restablece la pena de muerte, elimina a Papá Noel y cambia la fecha del carnaval. Un militar que se roba la única estrella de la bandera cubana y la coloca, cubierta de laureles, sobre el diamante rojo y negro de la charretera que inventa. "Un leo ascendente leo", en un país que se fascina con el horóscopo. Un jefe de gobierno que ha pretendido aclimatar fresas bajo el trópico de Cáncer, dirigir los restos del imperio del Negus, escribir de nuevo las cifras de la deuda mundial. Un superdotado enfrentando el problema de sobrevivir...» (Jean-François Fogel y Bertrand Rosenthal, *Fin de siglo en La Habana. Los secretos del derrumbe de Fidel*).

Donde los autores se confunden es en lo siguiente. Cuba no es Fidel Castro, es lo que él hubiera querido lograr, sin conseguirlo. Esa pequeña isla dio a figuras enormes desde los puntos de vista artístico, literario y científico. Fidel Castro es lo peor surgido en esa otrora maravillosa isla. Además, esa isla fue un ejemplo de crecimiento económico en 1957, bajo la presidencia del indio-mulato Batista. Castro no tiene nada que ver con la lírica, y sí mucho con la chabacanería. Nunca fue militar de carrera, sino «a la carrera», ni jefe de Gobierno, y mucho menos superdotado, más bien lo contrario: un tirano bruto al peor estilo del caudillo soso latinoamericano, según el término francés.

A veces pienso que todo esto ha sido una pesadilla, o una mala película, o una novela mediocre, una pésima telenovela, un chiste pesado; que no ha sido mi vida, mi existencia con Fidel Castro, como cualquier cubano, que mientras viva jamás podrá liberarse de su pasado con Castro. Fidel, una suerte de Frankenstein (así lo llamé en *La Ficción Fidel*, Planeta, 2008), creado por sí mismo, ¿creado también por los propios cubanos? ¿Nutrido por los americanos?

Nunca pensé que iría a escribir tanto sobre Fidel Castro, mucho menos un ensayo, una obra donde lo mencionaría, donde me dedicara a analizar la personalidad del hombre que se mantuvo en el poder durante más de medio siglo y en la historia de Cuba mucho más de medio siglo, en la mentalidad del cubano, seguramente se eternizará todavía por un tiempo espantosamente imperecedero; porque las secuelas castristas no se borrarán con facilidad como suponemos o ansiamos.

El análisis de la personalidad del comandante Castro lo he hecho a través de hechos ocurridos en Cuba en cincuenta años, las consecuencias históricas de actos personales de Fidel Castro provienen de ese personaje entre lo heroico y lo inmortal que el niño de Birán se ideó desde su más temprana infancia, cuando supongo advirtió de que su madre no era la verdadera esposa de su padre, de que no llevaba los apellidos de este; no, aún no. Un niño abandonado en un tren, bajo la custodia de un viejo amigo de la familia. Un niño que empezó a forjarse una personalidad, una historia, para intentar imponerse y devenir un héroc, un ídolo, a la manera norteamericana, bajo los focos hollywoodenses.

Como prueba adjunto esta divertida y no menos insólita carta escrita por Fidel Castro con apenas doce años y enviada al presidente norteamericano Franklin Roosevelt, en inglés (tomada de Serge Raffy, *Castro l'infidèle*, Fayard, 2003).

Santiago de Cuba, 6 noviembre de 1940

M .Franklin Roosevelt, Presidente de Estados Unidos

Mi buen amigo Roosevelt,

No conozco muy bien el inglés, pero sí suficientemente para escribirle. Me gusta escuchar el radio y estoy muy contento porque oí que usted será presidente de nuevo.

Tengo doce años. Soy un muchacho, pero tengo consciencia, no, yo no soy consciente al escribirle al presidente de los Estados Unidos.

Si usted quiere envíeme un billete verde americano de diez dólares, en su carta, porque yo nunca he visto un billete de 10 dólares y me gustaría tener uno.

Mi dirección:

Fidel Castro

Colegio Dolores

Santiago de Cuba. Oriente. CUBA.

Yo no conozco muy bien el inglés, pero sé muy bien el español y supongo que usted no conoce el español, pero que usted conoce el inglés porque usted es americano, pero, yo, yo no soy americano.

Muchas gracias. Adiós. Su amigo, Fidel Castro.

Si usted quiere hierro para fabricar sus barcos, yo podría enseñarle las mejores minas de hierro de mi país, ellas están en Mayarí, Oriente, Cuba.

El adolescente Fidel miente al decir que jamás ha visto un billete de diez dólares (un peso equivalía entonces a un dólar en la isla, y el dólar circulaba libremente), se hace pasar por un pobre, lo que no era; pero, además, de solo esa primera misiva le está proponiendo e indirectamente vendiendo por diez dólares las minas de hierro de Oriente al presidente de Estados Unidos. Sin embargo, este hecho es solo un detalle de la compleja personalidad de quien no solo se llamaba Fidel, además se autonombró Alejandro, como Alejandro Magno. Alejandro, su segundo nombre, fue el seudónimo de combatiente que adoptó en la clandestinidad durante su lucha contra Batista, que tampoco llegó a ser una lucha relevante. Después del triunfo revolucionario, y a partir de ahí siempre que daba un discurso, hacía colgar o pegar en los micrófonos un cartelito: «Fiel Castro», con la intención de destacar su fidelidad a sí mismo.

Hace algunos años vi en el documental *Conducta impropia* de Néstor Almendros —cineasta cubano de origen español— y Orlando Jiménez Leal, una entrevista con el dramaturgo René Ariza donde este último finalizaba con una frase lapidaria: «Tenemos que cuidarnos del Fidelito Castro que todos llevamos dentro». Nadie había hecho una reflexión más certera del fenómeno de unimasificación mental en torno a Castro, porque desde que apareció Fidel Castro en el panorama cubano su mayor empeño fue inocular mediante su carisma de hechicero en la psicología del cubano el veneno del que pocos se recuperan: el del totalitarismo.

Desde muy joven Fidel Castro descubrió que poseía un don, el don de manipular y de embaucar a quienes lo rodeaban. Nunca se había visto manejar al pueblo en la historia de Cuba a alguien con un don individual y con semejante maestría, jamás ninguna personalidad política había conseguido seducir hasta hipnotizar a amigos y enemigos. Fidel Castro fracasó con su revolución, pero triunfó en una sola cosa, en su estudio de *marketing*. Porque Fidel Castro ha sido el más grande especialista de *marketing* que ha dado la historia contemporánea. Creó un producto: la revolución, y todo el mundo se la compró. Creó un héroe, traicionándolo, el Che Guevara, que le ha ganado a Marilyn Monroe en ventas de camisetas con su rostro.

Pero por encima de todo se creó a sí mismo; él es su propio doctor Frankenstein, él mismo cosió al monstruo. Cuando necesitó publicidad la obtuvo a chorro, desde la mismísima revista *Bohemia* hasta los periódicos de mayores tiradas en EE.

UU.; dentro de su propio país las publicaciones se rindieron a sus pies, y para ser reconocido mundialmente reclamó la presencia, nada más y nada menos, de una estrella del periodismo norteamericano de la época, Herbert Matthews, quien subió hasta las montañas de la Sierra Maestra y desde allí entrevistó a Castro para el *New York Times*, existen imágenes fílmicas de esa entrevista.

Después de neutralizar al pueblo cubano con sus maniobras de *mago negro*, y no contento con aplastar a la isla de Cuba bajo su bota, puso todo su empeño en conquistar al resto del mundo con esa figura de joven y eterno revolucionario. También lo consiguió, su imagen se impuso y sobrevivió a todos los presidentes norteamericanos desde el 1959 hasta la fecha; pero, por encima de todo, con su presencia rocambolesca y altisonante, empañó la labor de figuras internacionales que, en política, aportaron ideas y proyectos mucho más adelantadas que las suyas para la humanidad.

Ninguna idea de Fidel Castro fue positiva, aunque sí oportunista; sin embargo, él hizo creer que sí lo habían sido. Que alguien me cite una sola idea verdaderamente revolucionaria de Castro. No tuvo una acertada.

Sujeto raro este Fidel Castro, porque si lo estudiamos desde los inicios, sus imágenes, sus frases, sus discursos, nos daríamos cuenta de que la personalidad de Castro resulta insulsa, pesada. Pudiera ser el gordito acomplejado de cualquier escuela, el rompegrupo, el chistoso cuyo ningún chiste hace gracia ni provoca risa, el trajín del barrio. Un auténtico plomo, para no ir por cuatro caminos. Y, sin embargo, se ganó al mundo con su verborrea barata de a tres por quilo, mediante esos silencios espaciados, nerviosos, en los que quedaba claro que su mente se vaciaba desparramada, que enmudecía paralizado por la sequedad y estrechez pensamiento; actuaba y manoteaba semejante a un pelele, se movía cual monigote o *siquitraque* manejado por imaginarias cuerdas de un lado a otro. Sin palabras, pura gestualidad vana, aporreaba la tribuna, toqueteaba los micrófonos, en busca del verbo que aleccionara, del insulto que vejara, de la acusación que humillara. Triunfó con sus zoqueterías. No obstante, eso es lo único que no aguantan los cubanos: a los pesados, a los zoquetes. «¡Cargue con su pesa'o!», advertía la fraseología popular. Cargaron con él y con su letal legado sesenta y cinco años.

Cierto es que también Fidel Castro triunfó a golpe de ponerse al mundo por montera, o sea por sus «santos cojones», y no solamente los cubanos lo aceptaron, el mundo lo toleró y lo colocó en un pedestal, el pedestal que correspondía a Cuba. No es solo que lo hayan tolerado, lo aceptaron con regocijo festivo, empezando por los mismos cubanos de las altas clases sociales hasta los intelectuales burgueses europeos y americanos. Fueron ellos los que empujaron y pusieron a Fidel Castro en el poder: al hombre blanco, de estatura imponente, hijo de latifundista, aspirante a abogado (nunca llegó a graduarse), más gallego que cubano.

Hace tiempo oí decir a un escritor francés que Fidel Castro era un excelente actor, a la altura de un Marlon Brando, me puso muy molesta que comparara a Brando con Castro. Pero en lo que no se equivocó este señor es en que por algo será que Fidel fue y es todavía el tirano favorito de Hollywood. Para probarlo, el ensayista cubano Humberto Fontova escribió sobre el tema, bajo el título *Fidel, el tirano favorito de Hollywood* (Ediciones Ciudadela, Madrid, 2006).

La verdad sobre Fulgencio Batista es dura. Indirectamente, Fidel Castro es también el resultado de Fulgencio Batista; me explico mejor: Fidel Castro es lo que andaban buscando la burguesía cubana y los sectores racistas de la sociedad habanera para impedir —como ya avancé— que el «negrito» siguiera gobernando, cuanto y más el «negrito» de origen humilde comenzaba a ser incómodo también para los Estados Unidos con su pretendida independencia económica y su repartición de negocios a los europeos, en lugar de dejar exclusivamente la vía libre y el país a los americanos. Se volvió loco, dijeron los americanos.

El loco no era Batista. Fidel Castro fue un joven medio loco, y un adulto loco entero, que la megalomanía de Estados Unidos, la estupidez de la rancia burguesía cubana y la excesiva aprehensión de sí mismo convirtieron en ese fenómeno exótico, revolucionario, seductor de masas. Fidel Castro fue su propia ficción, por encima de todo; la película que querían ver los clasistas de la sociedad cubana y, por supuesto, los americanos, siempre hambrientos de exitosos conflictos hollywoodenses.

No haré la *historia del tabaco* con Fulgencio Batista y Zaldívar, la conté en mi libro *Pájaro lindo de la madrugá*, Algaida, España, 2019. Pero debería aclarar algunos puntos, los fundamentales. Batista, comparado con Fidel, fue un niño de teta. Batista sí fue un revolucionario en el verdadero sentido de la palabra; en 1934 condujo la llamada Revolución de los Sargentos, fue elegido democráticamente, después *cometió el error* —según algunos— en el año 1952 de dar el cuartelazo que el pueblo cubano anhelaba, que todos aplaudieron y cantaron bajo aquello de «pájaro lindo de la madrugá», después se dejó vencer, por agotamiento.

La dictadura batistiana, tan cacareada por los amiguetes de Castro, a mi juicio, solo duró dos años; jamás llegó a ser dictadura a la manera de las dictaduras que existieron en Sudamérica, ni siquiera son comparables con la crueldad de la de Castro.

Cuando entre los años 1940 y 1943 Europa ardía bajo el yugo nazi, Cuba era un modelo de democracia y desarrollo para el mundo. La figura protagónica de este triunfo del escenario cubano, con amplia presencia en el exterior, lo fue sin duda alguna el presidente Fulgencio Batista y Zaldívar, admirado por personalidades del mundo entero, entre ellas Pablo Neruda y el presidente Franklin D. Roosevelt.

Sin embargo, el eslabón silenciado de la cadena de sucesos espantosos en los que iba cayendo la isla a lo largo de estas décadas bajo la dictadura de Castro lo constituye esa etapa de Batista. Porque el tejido de mentiras que el hijo del gallego de Birán urdió alrededor del general ha crecido hasta confeccionar un tupido velo que oculta celosamente la realidad de nuestra historia: la de reconocer a la figura de Batista en su auténtica dimensión.

En el macrotejido falsificado de esta tragedia han participado todos, pero principalmente una cierta burguesía cubana, hipocritona, racista, narcisista y, lo peor, ignorante. Una burguesía rapiñera que jamás toleró que un humilde campesino mestizo llegara a donde llegó, gracias a una formación autodidacta, a la lectura, a su inmenso añoro de sabiduría, a su amor por Cuba. Su carácter sencillo molestaba a quienes fabricaban bibliotecas con lomos de libros, vacíos de contenido, solo para adornar un espacio en las mansiones. Subrayo que no generalizo, excepciones hubo.

Para nadie es un secreto que la burguesía cubana le dio al presidente lo que en Cuba se llamó, en el argot racista, bola negra. Aun siendo presidente, Batista no podía entrar en el Havana Yacht Club y entregar los premios deportivos de las regatas.

Desde 1992, quizás antes, empecé a interesarme por Batista (Cuba fue el primer país occidental en tener un presidente mestizo, antes que Barack Obama en Estados Unidos). Intenté buscar libros que hablaran de él, la tarea no fue fácil. De Batista se ha dicho de todo, y la gente lo ha creído, incluido aquellos que fueron testigos de la época y protagonistas de las mentiras infundadas. Sus razones tendrán, aunque no sean las mejores. Las mías fueron las   de aclararme esa zona tan extrañamente oscura a la luz de la honradez, de la justicia. He leído la gran mayoría de los libros de y sobre Batista, los conseguí finalmente al acercarme a la librería Universal en Miami, a la familia del expresidente. Entrevisté a personas de su entorno. Llegué a la siguiente conclusión: quizás el magno error de Batista fue liberar a Fidel Castro, después de haberlo mantenido arrestado en condiciones principescas por su gamberrada del asalto al cuartel Moncada y las vidas que costó, luego, darle la palabra. Desde entonces, el monstruo no paró de hablar cáscaras de piña.

Para colmo, el malo de la película invariablemente todavía para muchos es Fulgencio Batista. Hace algunos años en La Habana, una de esas manos valientes y anónimas hizo un dibujo gigante en una pared urbana, donde representó a Castro con Batista en brazos, cual recién nacido inocente, sin un adjetivo calificativo. La lectura inmediata fue: lo dejó chiquito, parvulito. Así descifraron el dibujo los pocos habaneros que pudieron verlo, pues enseguida fue borrado por la policía política.

En el enigma Batista quiero detenerme, en una de esas mentiras que comenzaron de nuevo a circular dentro de publicaciones del exilio. La del antisemitismo batistiano. Los que acusan a Batista de antisemitismo son los escribanos repartidos por el mundo bajo las órdenes castristas, dependientes de los favores que la dictadura les otorga cual migajas. También seguramente recibieron alguna que otra medalla de hojalata, y el viajecito veraniego al corral convertido en centro turístico. Batista fue de los primeros en ponerse del lado de los Aliados durante la Segunda Guerra Mundial. Frente al conflicto mantuvo una posición firme. Cinco días antes de que ocurriera el ataque a Pearl Harbor, el 2 de diciembre del 1941, convenció al Congreso cubano para que declarara un estado de emergencia nacional. «Cuba —dijo Batista a su pueblo— será copartícipe real; verdadero jugador en el equipo de los Aliados, cumpliendo cualquier tarea que se le encomendare como contribución a la victoria democrática».

Submarinos y buques alemanes fueron hundidos a corta distancia de las costas cubanas. Más habrían sido si Batista no hubiese organizado un eficaz sistema de contraespionaje en cooperación con el FBI. No solo eso, el 1 de septiembre de 1942 fue arrestado en Cuba el espía fascista August Lunning y ejecutado el 10 de noviembre de 1942, siendo el único espía nazi ajusticiado en la región. Esto le valió no pocas críticas a Batista. Por otro lado, Batista no se aprovechó de la guerra para subir el precio del azúcar. Bien pudo haber sacado tajadas, no lo hizo. Desde Radio Berlín, llovieron amenazas de bombardeos a las costas cubanas. Uno de los locutores se atrevió a alardear: «Amigo Batista, recuerde que usted vive a pocos metros de la orilla». Batista recibió este mensaje contra su vida como un alto reconocimiento a su posición antifascista.

En lo que a mí corresponde, desentrañé la verdad de Batista y la escribí. Con leer y contrarrestar información se van iluminando las zonas sombrías. De este modo supe que es falso que los más grandes hospitales cubanos los creó Castro. Todos fueron construidos por Fulgencio Batista, lo mismo las escuelas, los centros educacionales y sanitarios, que eran inmejorables. Topes de Collantes, un envidiable sanatorio contra la tuberculosis, fue construido e inaugurado por el presidente Batista. Había visto padecer a uno de sus hermanos de esta enfermedad, era muy sensible a las personas que la padecían. Batista quiso cambiar las cañerías gastadas, desde los tiempos del viejo acueducto Albear, modernizar las instalaciones, para que La Habana pudiera abastecerse de agua de forma abundante y normal. La burguesía cubana protestó, levantaron campañas, argumentaron que Batista quería destruir la ciudad.

Los mismos burgueses izquierdistas que vemos hoy por doquier no han cambiado mucho; aquellos que voceaban, en privado, escondidos dentro de sus mansiones, contra el mestizo. Con lo del «negro» creían rebajar al presidente. Siempre he pensado que Fidel Castro los despreció, les convirtió las mansiones en letrinas y les colocó un hisopo en las manos para que destupieran escusados, porque nunca soportó deberle el poder a semejante recua de envilecidos.

¿Díganme cuántos negros, cuántos chinos, cuántos judíos ha habido en el gobierno de Fidel y Raúl Castro? Se pueden contar con los dedos de las manos, y sobran dedos. Sin embargo, la gente ha querido ver la película de Fidel antirracista, que no ha existido. Los Castro han sido los tiranos más racistas después de Adolf Hitler.

La ficción Fidel se alimentó sola, tomó posesión de los retorcimientos mental-sociales de la humanidad, como de las tortuosas confusiones que privaron al cubano al principio de la revolución de discernir sobre los valores de su país, además de que ansiaban ver al Mesías y lo vieron en un diablo. No era el Mesías, pero ellos lo transformaron con su ardiente y excesiva imaginación.

Mientras Castro daba discursos en Harlem, el barrio negro de Estados Unidos, y rechazaba un hotel de lujo por un modesto hotel en ese mismo barrio, en los años 60; mientras Fidel reclamaba a grito pelado la libertad de Angela Davis, luego la de Nelson Mandela; cientos de negros cubanos eran fusilados y encarcelados en Cuba; jamás se les dio la libertad y el acceso al poder que les tocaba por derecho de ser cubanos.

Haría falta todo un volumen para referirme a los marginados por Castro, a los ejecutados por Castro, a las víctimas. Se darán cuenta de que cualquier intento de aclarar, de enfocar la verdadera historia de Cuba, pese a los numerosos y extraordinarios libros que se han escrito, todavía hoy e inevitablemente caeremos en un estado de estupefacción, arrastrados como por una quimera, por una suerte de ficción ilógica que ha sido el producto del propio Castro, quien supo mejor que nadie inventar un personaje, reinventarse a sí mismo en otra supradimensión. Para ello apeló a los recursos de los jefes de secta: con un gesto de la mano hacia abajo acallaba a millones de personas; otro gesto, una mueca, bastaba para dejar en vilo a todo un pueblo. Y el pueblo respondió afirmativo, en esa ansia absurda y dramática de reconocerse en el héroe. Aunque este fuese de *papier maché*.

Intentaré, no solo a través de la figura del dictador, sino además a través de los cubanos, y de la dolorosa situación provocada en la segunda mitad del siglo xx y en la primera década del siglo xxi, animarlos a estudiar las disparatadas reacciones del hombre que llevó a una isla a la destrucción de la manera más demencial que haya existido, y de cómo todos hemos sido sus marionetas, sus cómplices; querámoslo o no.

Fidel seguramente jamás olvidó cuando su madre, una mujer que cocinaba con la pistola en el cinturón, lo montó en un tren acompañado de un amigo de la familia y lo alejó del hogar; jamás la perdonó. Es la razón por la que posteriormente secuestra a su propio hijo, Fidelito, el que tuvo con su primera esposa, Mirta Díaz-Balart, dejando a la madre en un estado de desesperación del que esta pobre mujer no logró recuperarse en mucho tiempo. Esto también explica su obsesión con el niño Elián González. Explica el horror de amenazar a sus opositores, desde los primeros años, con arrebatarles a los hijos, bajo la tramoya de la ley de la patria potestad. Por esta ley, catorce mil niños cubanos salieron de Cuba sin sus padres hacia América, conducidos por organizaciones caritativas que los recogieron en refugios, monasterios, conventos. Muchos de esos niños no vieron a sus progenitores hasta treinta años después. Se llamó la Operación Peter Pan, varios libros se han escrito sobre ellos.

Las mujeres poco importaban para él. Su misoginia y machismo superlativos fueron bastante lejos; tuvo infinidad de amantes, empezando por la heroína de la revolución Celia Sánchez Manduley, pero también aquella espía alemana, Marita Lorenz, a la que no dudó en anestesiar, en hacerla abortar, sin el consentimiento de la mujer. Luego llegó a su vida Naty Revuelta, la amante que sacrificó su cómodo estatus burgués, abandonó al marido y a la hija de su primer matrimonio para parirle al guerrillero, quien fue más la madre de Alina Fernández —que no lleva el apellido Castro— que la mujer del dictador. Y por fin la madre de sus otros tres hijos varones, Dalia Soto del Valle, una mujer silenciada; se dejó ver excepcionalmente en público cuando el niño Elián González regresó a Cuba, apareció en dos o tres ocasiones en medio de las manifestaciones favorables a su marido y de los discursos, sin más.

Fidel fue siempre un niño apartado, un adolescente difícil al que sus compañeros no aceptaban, un joven revoltoso que superó su aislamiento imponiéndose como jefe de pandilla; luego, por fin, un pandillero, un gánster en la universidad. Castro, una vez en el poder, siguió siendo un hombre sumamente solo, que se creía inmortal, que prometió al pueblo la luna y la eternidad.

En un diálogo con el filósofo francés Jean-Paul Sartre, en 1960, el revolucionario de 33 años (según el escritor y periodista Carlos Franqui, Fidel se cambió la edad para entrar en La Habana con la edad de Cristo) no titubeó un segundo ante el filósofo francés. Fidel dijo:

«—Todos los hombres tienen derecho a tener lo que ellos piden...
Sartre responde:
—¿Y si ellos piden la luna? —dije yo, seguro de la respuesta.
Él retoma su tabaco, ve que se había apagado, lo deja y se vuelve hacia mí:
—Si ellos piden la luna, es porque ellos la necesitan.
Tengo pocos amigos, pues le doy una gran importancia a la amistad. Después de esa respuesta comprendí que él, Castro, se había convertido en uno de ellos».

Es una cita del libro ya citado *La lune et le caudillo: le rêve des intellectuels et le régime cubain (1959–1971)*, de Jeannine Verdès-Leroux (L'Arpenteur, 1989).

Poco tiempo después, Fidel traicionaría esa amistad con el

filósofo francés, y, por su parte, Jean-Paul Sartre rompió con él al enterarse de la cantidad de fusilamientos que cada noche se ejecutaban en la prisión de La Cabaña.

Fidel prefería la soledad acompañada; no obstante, esos momentos de compañía los elegía él, y él decidía cuándo debían terminar, no eran durables. Se volvió más intransigente, su modelo de disciplina era la de los jesuitas, por ellos fue educado y a ellos tuvo que obedecer, su meta —al final lo aceptó— fue impuesta por ellos de por vida.

Desde el 8 de enero de 1959, fecha en la que entró en La Habana, triunfante, junto a Camilo Cienfuegos y el Che Guevara, no olvidemos al comandante Hubert Matos —a los tres los fue eliminando hasta quedarse como figura única en la tribuna—, se convirtió en el líder máximo. Poco a poco ocupó los principales cargos que harían de la isla «un bastión inexpugnable en contra del imperialismo yanqui», según su propia jerga, el imperialismo al que secretamente adoraba… Comandante en jefe del ejército, primer secretario del Comité Central del Partido Comunista, presidente del Consejo de Estado y de ministros, autor de una nueva Constitución. Se mostraba impecable en su traje de militar, no existía para él otro atuendo; se regocijaba de venderse como un hombre de moral y de honor. Se comparaba con José Martí, el revolucionario, escritor, poeta del siglo XIX que entregó su vida por Cuba en 1895.

Sin embargo, Fidel Castro no pudo evitar que se trasluciera su insoportable orgullo, su cólera habitual. Era testarudo, no lo abandonó una única obsesión, la idea que se haría de él la humanidad cuando ya no estuviese entre ella. Es la visión del hombre, el lugar preponderante que cree merecer en la historia. Admirador de Napoleón, lector de Adolf Hitler, un auténtico fanático de *Mi lucha*. Al final, un anciano patético y vencido, mal vestido con un chándal de Nike.

Su único compromiso afirmaba que era con la patria, con el nacionalismo. No, falso, mentira, su único compromiso era con él. Su vida privada muestra a un hombre entregado en cuerpo y en alma a una sola figura femenina como ideal: la causa revolucionaria que enmascaraba su producto de *marketing*, que no fue más que una imagen vaga, pues en realidad fue un sumo convencionalista. Un inconforme privilegiado, hasta el último momento desconfiado; como prueba el estado de gravedad de la enfermedad que padeció y se provocó él mismo al no aceptar la solución que al inicio le daban los médicos.

Se inventó no sé cuántos atentados, que él mismo preparó con cuidado, y algunos pocos reales, que ya muchos ponen en duda.

También se ha especulado ampliamente con lo que pudo acontecer en esos tres meses que el joven Fidel pasó escondido en Estados Unidos. ¿Andaría por Hollywood tratando de convertirse en un gran actor o la CIA lo habría captado entonces? ¿Es o fue Fidel Castro un actor frustrado o un agente de la CIA? ¿Será cierto que hizo de figurante en dos películas de Esther Williams —una de ellas es la muy famosa *Escuela de sirenas*—, y que una vez en el poder consiguió cortar las escenas donde aparecía? Cualquiera de las versiones resultaría fascinante. Aunque serían solo detalles en la vida de un hombre que consiguió cambiar la ideología de una isla, y la trayectoria del mundo. Lo cierto es que el hombre al que él mismo designó como sucesor, en una especie de dinastía castrista, Raúl Castro, su hermano, el que en el año 1960 afirmó: «Mi sueño es arrojar tres bombas atómicas sobre Nueva York» (Humberto Fontova; *Fidel, el tirano favorito de Hollywood*, Ediciones Ciudadela, Madrid, 2006, p. 25), hoy languidece, aunque en apariencia exigente y firme en sus ideas, con más de noventa años, arropado por sus herederos y por la certeza de que Osama Ben Laden le cumplió su sueño. Raúl Castro, una extensión demoníaca de Fidel Castro.

Tuve la oportunidad de fijarme en las manos de Fidel Castro durante un Festival de Cine en La Habana: dedos largos, puntiagudos, cual garras afiladas; atentamente hecha la *manicure*.

Pero volvamos a su impronta bonapartista, bolivariana y hitleriana… El sueño —o pesadilla, para los que la hemos padecido— de Fidel Castro de extender la revolución castrocomunista hacia toda América Latina (Sudamérica) y el mundo mediante la guerra de guerrillas no surgió cuando por fin en 1959 tomó el poder; era algo que maquinaba desde su época de *gánster* universitario en la Universidad de La Habana, donde se le acusó de asesinar a tiros el 22 de febrero de 1948 a un condiscípulo, Manolo Castro, el secretario general de la FEU (Federación Estudiantil Universitaria), y desde su célebre viaje a Colombia, donde se le culpó de haber asesinado al líder liberal Jorge Eliécer Gaitán durante los sucesos del llamado Bogotazo el 9 de abril de 1948. Esas ansias de sangre y violencia aminoraron en los años sesenta debido a la presencia invasiva de los soviéticos en su vida y en la vida de los cubanos, pues de alguna economía tenía que chupar dado que había expulsado a los empresarios norteamericanos de la isla. No obstante, desde los inicios de la revolución Castro envió cubanos y hasta a sudamericanos a perpetuar la guerra de guerrillas en otras regiones, en Argentina y Venezuela.

En Argentina, en 1964, murió el periodista argentino fundador de *Prensa Latina* Jorge Ricardo Masetti, congelado, escondido dentro de una gruta; allí había sido enviado por Castro como guerrillero y con una misión: descuajeringar aquel próspero país. Lo mismo sucedió con Antonio Briones Montoto, miembro de acción y sabotaje del Movimiento 26 de julio liderado por Fidel Castro, o sea, otro terrorista ponebombas en cines y tiendas de La Habana, entonces destinado a Venezuela, donde murió tiroteado el 8 de mayo de 1967.

Fidel Castro pretendió ejercer el poder en Sudamérica y en el resto del mundo mediante la violencia y el terrorismo, y no lo ocultó nunca, lo advirtió desde la misma tribuna de la ONU, en 1960; haciéndose el inocente actuaba bajo la alta estima histriónica que se tenía a sí mismo (https://www.youtube.com/watch?v=-k7ctzny1gA), donde ya abogaba para que China ocupara un puesto relevante en la ONU (https://www.youtube.com/watch?v=AHZyEFacXjk). A desestabilizar Bolivia mandó al guerrillero por excelencia, al rebautizado el Carnicero de La Cabaña, debido a su afición por el tiro en la nuca que daba incluso a adolescentes de 14 años, al Che Guevara; allí Castro lo abandonó y lo traicionó cuando consideró que el Che le hacía una sombra que él no debía permitirse ni por asomo.

El fracaso de Cuba y del castrocomunismo no se entendería sin la figura decadente, psicópata y envolvente de Fidel Castro, ferviente lector de *Mein Kempf* (*Mi lucha*) de Adolf Hitler, aunque también, como ya dije, admirador de Romain Rolland y de Napoleón Bonaparte, a quien intentó imitar más que nunca durante las posteriores contiendas africanas, en las que el nivel de injerencia castrocomunista costó la vida de poblados enteros africanos y de batallones de jóvenes cubanos inexpertos en el arte de la guerra. Recordemos que, como comenta la escritora colombiana Gloria Chávez Vásquez en artículo reciente, «para Romain Rolland "La vida es una serie de muertes y resurrecciones" en la que "cada cual lleva en sí mismo un pequeño cementerio de los que ha amado". Según él, "basta un instante para hacer un héroe, y una vida entera para hacer un hombre". Su idea de lo que era el pacifismo, compartida por varios de sus amigos escritores, muere con él…». Fidel Castro fue ese «héroe» surgido de manera instantánea de una época aletargada, y que pese a que murió nonagenario no alcanzó jamás la verdadera estatura moral de hombre de honor. Su admiración por el pacifista Romain Rolland no fue más que otro aspecto de su retorcida personalidad, la del otro y su contrario, la de ir a contracorriente de su propio impulso devastador… Para colmo, de pacifistas como él no han surgido más que desastres monumentales.

Una vez que Castro logró implantar el socialismo en Chile, sin un tiro de por medio, mediante elecciones, tras colocar así a su cómplice Salvador Allende en la presidencia, aunque su primer invitado a Cuba fue el general Augusto Pinochet, como también fue compinche de Jorge Rafael Videla y los militares argentinos antes de darle *chance* a los montoneros, Castro percibió que el camino era la democracia revolucionaria. De ahí su empecinamiento con Nicaragua, y hasta con España. Desde Cuba mandó armamento para la revolución nicaragüense a través de latas de película del ICAIC (Instituto Cubano del Arte e Industria Cinematográficos) a INCINE (Cinemateca de Nicaragua), y de otras vías. En Granada intentó hacer lo mismo: una revolución democrática, enmascarada bajo elecciones, pero revolución castrista al fin respaldada por la violencia guerrillera y callejera, que Estados Unidos logró detener a tiempo en 1983, donde murieron también cubanos, pero fueron más los que salieron huyendo, como el inolvidable coronel Pedro Tortoló, que no se inmoló más que junto a su «aguerrida cobardía», pues arrastró el poco prestigio de militar que había adquirido en Granada por los lodos de la historia más reciente.

Sin embargo, el sueño de Castro era España; invadirla de agentes infiltrados, inocularla con el bichito de la revolución, rematarla con su producto de *marketing*. Una dulce venganza contra su amiguete Francisco Franco, el que le surtía de turrones cada Navidad hasta que los prohibió el Generalísimo, que dicen que repetía cuando alguien de su entorno se refería al peligro que representaba Castro: «Al galleguito no me lo toquen».

Para esa revolución castroespañola se prestó gustoso, puso todo con relación al entrenamiento y protección de terroristas de ETA, recibió a numerosos de sus miembros como refugiados en la isla, con importantes privilegios, aunque más discretos, que con anterioridad había recibido a los revoltosos chilenos, que hasta barrios enteros fueron poblados por ellos. A los etarras les facilitaron mansiones protegidas en barrios exclusivos, sus hijos asistían a las escuelas y se les honoraba con un estipendio altísimo de 3 mil pesos solamente por estudiar, así quién no iba a querer ir a Cuba a entrenarse para después volver a asesinar en España. Recuerdo un diálogo público con el bailarín Antonio Gades en el que este le preguntó después de que Fidel le sirviera de padrino de su boda y lo casara con Pepa Flores, conocida todavía entonces en Cuba como Marisol, qué le aconsejaba para que él pudiera hacer la revolución en España. A lo que Castro le respondió sin titubeos: «Déjate de tanto taconeo, Gades, apodérate de una Kalashnikova y trépate a la Sierra, como lo hice yo». Gades sonrió tímido cual un niño sorprendido y amonestado.

Tras el derrumbe del comunismo en Europa y de la URSS, un escéptico Castro recibió en la isla a Mikhail Gorbachov; desde el primer momento pudimos advertir a través de aquel encuentro que el *glasnost* y la *perestroika* no llegaría jamás a nosotros. Lo que sí nos impusieron a pulso fue lo que los cubanos con ese ingenio que los engrandece y hunde al mismo tiempo fue la *péreztranca*, una represión sin precedentes, aderezada con una mejora en los mercadillos gracias a los jugosos negocios con el narcotráfico internacional; hasta que Estados Unidos lo sorprendió con las manos en la masa. Entonces Castro fingió haber sido engañado, culpó a un puñado de generales, a quienes fusiló sin contemplaciones, y tan campante.

Al poco tiempo echó mano de argucias politiqueras; Castro se aseguró de crear junto al presidente brasileño Inácio Lula da Silva en 1990 el Foro de Sao Paulo, con la intención de sustituir la ausencia soviética y del CAME en la economía cubana, afianzar la seguridad de su existencia como valedor del socialismo (la palabra comunismo desapareció de su vocabulario, y la sustituyó por socialismo y echó mano del «bloqueo yanqui») en la región, y la supervivencia del régimen. Más tarde también se apertrechó de su antiguo soldadito venezolano, Hugo Chávez, entrenado en Cuba, y bajo otro golpe de suerte logró —como hasta ahora pervive aquel régimen— existir colgado de la teta del chavismo y esquilmar a uno de los países más ricos del planeta: Venezuela.

Antes de asesinar (como se dicen que sucedió) a Hugo Chávez en un hospital cubano, fundó en el 2001 el ALBA (Alianza Bolivariana para los Pueblos de Nuestro América), que inspiró la creación del Grupo de Puebla en el 2019, apenas tres años tras su muerte.

El legado de Fidel Castro lo podemos observar en la Cuba actual de sus sucesores —sigue siendo la isla del doctor Castro—, su hermano Raúl Castro, más de lo mismo, y Miguel Díaz-Canel, el títere manejado por Castro II y Castro III, el hijo de Raúl, Alejandro Castro Espín; una herencia diseminada además por esos lugares del mundo donde su pésimo ejemplo ha sido implantado: desolación, miseria, muerte. Un fracaso estruendoso y patético. La Argentina de los Kirchner es el mayor ejemplo de ese majestuoso infortunio, liberada recién por el partido de La Libertad Avanza, cuyo líder es Javier Milei.

Cuando en el 2016 Fidel Castro murió enfermo y de viejo en su lecho familiar, atendido por un doctor español, una periodista me entrevistó para que diera mis impresiones. Ha sido la entrevista más breve de mi vida.

Ella: ¿Qué es lo mejor que recuerda de Fidel Castro?

Yo: Que se murió.

Ella ¿Y qué es lo peor?

Yo: Que estuvo vivo.

¿Cuba renacerá algún día? No lo sé. Tengo la convicción de que ha sido demasiado largo para que en caso de que la isla despierte de su letargo comunista el cambio se produzca de manera sana y generosa. Sí, el horror ancló en la sociedad cubana, se arraigó en su idiosincrasia, y ha sido excesivamente duradero. Para mí, toda una vida. Pero numerosas reencarnaciones acechan todavía, España es una de ellas.

Fidel Castro, un antisemita de manual adorado por un gran número de judíos, apoyado siempre por Israel; su legado, sus herederos, volvieron a colocarse —como él— del lado del terrorismo, de Hamás, del lado del horror, como hicieron con Yasser Arafat, estando Castro en vida, y como hicieron su hermano Raúl Castro y compañía con Vladimir Putin, y ahora con Hamás. Siempre del lado del error y de la injusticia, y siempre salvados por los israelíes.

AGENCIAS

Estoy leyendo el libro que ahora mismo se ha situado en el número uno de ventas en Francia en el género de ensayo; se titula *Diario de guerra. Es a Occidente a quien se asesina* (Editorial Fayard, 2024), del letrado, abogado, periodista y escritor Gilles-William Goldnadel, a quien sigo entusiasta en sus valiosas intervenciones en CNews y en las redes sociales, notablemente en Xuiter.

Estamos ante un diario, tal como lo indica el título, personal, sí, desde luego, pero al mismo tiempo se trata de las confesiones de un guerrero, ¿vencido? No lo sabremos hasta que no termine esta guerra iniciada por Hamás el 7 de octubre del 2023 contra Israel mediante el aterrador pogromo que conmovió al mundo y que removió cada una de las cuerdas emocionales internas del pueblo judío e israelí, como no se habían vuelto a remover desde la Segunda Guerra Mundial.

Desde las primeras líneas, Goldnadel desgrana dolorosas reflexiones sobre Israel y sobre sí mismo, y deja claro que como todo su pueblo él está en guerra, que sus hijos, que debieron marcharse a Israel desde hace un tiempo, porque la situación para los judíos de Francia empezó a deteriorarse bastante (acentuada tras el pogromo del 7/O), viven bajo la guerra y los bombardeos cotidianos de cohetes islamistas; que *él, aunque debiera haberse ido a Tel Aviv, ha decidido responder con las armas que mejor sabe manejar: la escritura, las intervenciones públicas.*

Haciéndolo, a mi juicio, ha ido venciendo, aunque no ganando. Un escritor siempre pierde en las batallas políticas, aunque triunfe bajo los méritos del honor y de la distinción.

Goldnadel, de forma muy directa y valiente, deja claro que el estado actual de la prensa es lamentable debido a su izquierdismo de a tres por kilo; sobre todo, comenta y argumenta que el antisemitismo de la derecha de 1923 no es peor al antisemitismo de la izquierda del 2023-24. Yo añadiría al antijudeocristiniamo, puesto que la religión más atacada en la actualidad en el mundo es el cristianismo; de esas masacres pocos hablan.

En cuanto a la prensa, no lo dejaría exclusivamente en el formato periódicos impresos, digitales, en los medios de comunicación liderados por las redes sociales; lo extendería a las agencias de prensa.

Él lo hace, aunque se detiene en AFP, a la que llama, en lugar de Agence France Press, Agence France Palestine, con lo que concuerdo, sin dudas. Además, sería bueno recordar que la Agence France Presse en numerosos casos ha sido un calco de la Agencia Prensa Latina, con sede en La Habana, o de los medios entroncados con la oligarquía comunista rusoputinesca, o con China. Varios periodistas fueron licenciados de estas agencias por el mero hecho de contar la verdad de lo que sucede en Cuba, en Sudamérica, en Rusia, en China.

Con estos ruidos y estas nueces, ¿habría que seguir fiándose de estas agencias de prensa? No lo creo, como tampoco lo cree el propio Goldnadel, a quien le aplaudo su coraje cuando reafirma alto y claro lo que muchos venimos pensando y lógicamente padeciendo desde hace décadas: una deformación de la información en aras de fortalecer la voz del comunismo internacional, y ahora del islamoizquierdismo.

COMPASIÓN

La compasión es algo que la humanidad y Occidente ha olvidado imbuidos por la ideología del progresismo, que más bien es «pobrecismo». Recién leí una información que prueba del alto sentido de la compasión del que Israel puede sentirse orgulloso y nosotros debiéramos ser agradecidos. O sea, «nosotros», aunque más bien serían los palestinos.

Leí en i24News que la hermana del líder de Hamás, Ismail Haniyeb, fue hospitalizada en Israel.

La hermana de Ismail Haniyeb, el jefe de Hamás, «está actualmente hospitalizada en el hospital Soroka de Beersheva (sur) en Israel». La información fue revelada el lunes 5 de febrero del 2024 por la Cadena 13, y confirmada por un alto responsable del establecimiento. La paciente posee la nacionalidad israelí por parte de su matrimonio con un beduino y parió de forma prematura un bebé que aparentemente sufría complicaciones.

No es la primera vez, añadieron, que un familiar de Haniyeb es ingresado en un hospital israelí, en el que se les han tomado a cargo. Hace dos años, otro miembro de su familia, igualmente israelí, fue tratado en el Hospital Ichilov de Tel-Aviv, y en el 2013 fue su pequeña nieta que fue atendida mediante hospitalización en un hospital israelí, no siendo ella ciudadana del Estado hebreo.

Ismail Haniyeb se encuentra refugiado en Qatar desde el 2023, y es quien maniobra en las negociaciones entre Israel y Hamás con vistas a la liberación de rehenes y de la implementación de una tregua.

Nadie sabe más de compasión que los judíos y los cristianos, porque han sabido resistir desde el dolor y la pérdida.

✳✳✳

En el transcurso de publicación de este libro, Ismail Haniyeb fue alcanzado por un cohete mientras se encontraba en Irán; su sucesor, Yahya Sinwar, se pasea vestido de mujer por Gaza.

ADIEU, BADINTER

Falleció con 95 años Robert Badinter, jurista, ensayista, y político francés, a quien conocí a finales de los años noventa; fui invitada por él a intervenir acerca de la pena de muerte en Francia (él) y en Cuba (yo), luego lo volví a encontrar en distintas ocasiones, como muestran estas imágenes en la Casa Museo de Víctor Hugo en el Marais (https://zoevaldes.net/2012/12/01/iluminacion-de-la-casa-de-victor-hugo-en-paris/).

Seguramente saben que Badinter fue el letrado que, siendo ministro de Justicia bajo el Gobierno de François Mitterrand, el 30 de septiembre de 1981, tras un largo e intenso combate por el tema que más le interesaba, anunció la reinserción de los presos y la abolición de la pena de muerte en Francia. Fue, sí, un socialista con sentimientos e ideas, justas y no, además, a veces, muy equivocadas, con enormes defectos, como él mismo lo señalaba, como cuando gestionaba el refugio de los asesinos de ETA en Francia desde su bufete en París o cuando legalizó las relaciones homosexuales a edades tempranas, como mismo estaban ya legalizadas con los heterosexuales, o sea, «trabajó por la supresión de las disposiciones legales penalizadoras de las relaciones homosexuales con menores para edades donde las relaciones heterosexuales eran legales».

Estaba casado en segundas nupcias con la célebre historiadora, filósofa, mujer de negocios y feminista Elizabeth Badinter; ambos muy célebres en la época mitterrandista, aparecían constantemente en los debates televisivos de altísimo nivel, los que gracias a Dios todavía existen. Juntos y por separado, firmaron libros y artículos de prensa de éxito y de recomendada, que impactaron en la sociedad gala.

Sin embargo, pese a semejante pedigrí, su posición anticastrista no me sorprendió; realmente se interesaba por los presos políticos cubanos, pues no podía entender por qué el castrismo se afanaba con rigor criminal en cumplir siempre que podía con la implementación de la pena de muerte mediante fusilamiento; pienso que por fin lo entendió cuando al preguntármelo se lo expliqué de forma sencilla: «Son comunistas y odian a la gente que piensa distinto». Quedó reflexivo un rato, luego asintió, aunque solo musitó: «*Évidemment…*». Doy fe de que no estaba tarareando la canción de France Gall.

Fue muy sensible a las ejecuciones de tres jóvenes negros en la isla el 11 de abril del 2003, tras los trágicos sucesos conocidos como la Primavera Negra, en los que numerosos opositores fueron apresados y condenados a largas penas carcelarias.

En un memorable y póstumo recordatorio de la figura de Robert Badinter en la cadena CNews, el político Philippe de Villiers, líder de la derecha euroescéptica, candidato a la presidencia en el 2007 por su Movimiento por Francia, afirmó algo muy puntual y cierto acerca del personaje, y de lo que también yo puedo testificar, para eso escribo este artículo: «El hombre era de un comercio agradable… gran jurista, gran profesor de derecho, gran penalista… Robert Badinter respetó a aquellos que tenían convicciones contrarias a las suyas». Y continuó: «Hay que reconocerle la coherencia, era muy hostil al *wokismo*, sin tolerancia alguna, y a la eutanasia… Como político lo combatí, sobre todo por la cuestión de la pena de muerte… Un día le dije: "usted es un adversario de calidad"…». Hace años confirmó a Villiers que él estaba por el derecho a la vida en todas sus infinitas posibilidades (https://www.youtube.com/watch?v=28SeP-f6itQ).

Badinter procedía de una familia judía de Besarabia; entonces, durante la ocupación nazi, su padre fue perseguido, atrapado, detenido, deportado y gaseado en el campo de exterminio de Sobibor. La pérdida de su padre trazó el verdadero sentido de su vida, el de su trayectoria de trabajo en dependencia del sentido de su existencia. Una pena que desaparezca en medio de esta nefasta actualidad en la que el odio antisemita de los islamoizquierdistas prime por encima del humanismo al que él se consagró, y que su partida ocurra sin que pueda ver el resultado del combate que llevamos los que defienden la vida, la decencia y la verdad.

Golda Meir, Israel y una parte de la Historia

Con Israel y Palestina pasa lo que pasa con Cuba, aunque a mayor escala, que siempre le quieren contar a uno, a los que hemos vivido esa historia, una parte de la historia y no la historia entera, no la verdadera historia que han vivido los judíos y los israelíes en general. La verdadera historia entre Israel y Palestina y la historia del Estado de Israel están escritas, se pueden leer en decenas de libros, lo que no es el caso de Cuba, que todavía no se ha escrito toda la verdad.

Bien, pese a esa verdad escrita, más que explicada, y todavía mejor vivida, o peor vivida, frente a lo evidente hay una cantidad de personas irresponsables que todavía quieren meter el cuento de que Israel es el malo y los de Hamás son los buenos, y que si en la Franja de Gaza no había sido todo mentira desde el 2005, etcétera… Ignoran así los tiros de cohetes diarios, las agresiones diarias que deben de soportar los israelíes desde el lado de Gaza, de parte de los terroristas de Hamás. Ignoran, por demás, la Historia con mayúscula.

En una ocasión compartí programa en la televisión francesa con uno de esos extremistas antiisraelíes que defiende la desaparición total del Estado de Israel a como toque, sin contemplar que allí vive todo un pueblo, y que ese pueblo se ganó su derecho a existir ahí desde siempre, porque fueron parte de esas tierras, cultivando la tierra (ya sé, es una idea socialista, pero nadie es perfecto y los judíos la pusieron en práctica) y luchando por ella en varias y sucesivas batallas y guerras.

Esa tierra ha costado sangre, sudor y lágrimas, y tampoco es una tierra que, salvo por el carácter religioso que contiene (cosa que solo le achacan a los sionistas, que según dicen es el único valor que le ven a la tierra, y no a los musulmanes, que también es el único valor que le dan a esa tierra), no tiene mayor y verdadero valor que el de haber sido sede del primer Estado democrático instaurado en la región, y, comparando con el resto del panorama, constituye una verdadera epopeya haberlo sido y seguir siéndolo, resulta un tremendo logro; aunque, como dijo Golda Meir, aludiendo a Moisés:

«Nos arrastró cuarenta años por el desierto, para traernos al único lugar en todo el Medio Oriente donde no hay petróleo».

Las frases de Golda Meir poseen una actualidad impactante. Por ahí anda dando vueltas una viñeta muy interesante que explica un montaje del conflicto y la verdad de lo que hay en algunas tristes versiones: en una parte de ella sale una mujer israelí protegiendo a su hijo pequeño, con un soldado israelí que a su vez protege a los dos primeros; en la otra, el terrorista de Hamás coloca a su mujer delante de sí como escudo y a su bebé a sus espaldas, con una bomba a punto de estallar en el ropaje que lo envuelve. Pues bien, me viene a la cabeza otra frase de Golda Meir:

«La paz llegará cuando los árabes amen a sus hijos más de lo que nos odian a nosotros».

Toda la gran historia del pueblo israelí, de su lucha por la paz y por la democracia, está en las palabras que durante años pronunció esta mujer y gran política en entrevistas o en fragmentos de libros. Recuerdo una en particular que explica la firmeza de un pueblo que ha dedicado sus fuerzas a desarrollarse, no a destruirse:

«No nos regocijamos con las guerras. Nos regocijamos cuando desarrollamos un nuevo tipo de algodón, o cuando las fresas florecen en Israel».

Y esta otra, de una gran firmeza:

«Podría entender que los árabes quisieran borrarnos del mapa. Pero ¿es que realmente pretenden que cooperemos con ellos en eso?».

Lo que resulta curioso es que todavía haya personas y hasta periodistas, la mayoría de izquierda, que se ubiquen de parte de la destrucción del pueblo, del Estado de Israel. Y que hasta una cierta iglesia se haga de la vista gorda, o interceda en el último momento, y casi siempre mediando a favor del horror. Para esa Iglesia católica, precisamente para el papa Pablo VI, «que le recriminó que los judíos, siendo un pueblo tan compasivo, sea tan inflexible en su propio país», la mujer que nunca quiso ser como un hombre (según sus mismas palabras cuando le preguntaron si se sentía discriminada por los hombres del equipo de gobierno: «No lo sé. Nunca intenté ser un hombre»), respondió lo siguiente:

«Su Santidad, cuando fuimos compasivos, débiles y apátridas, nos condujeron a las cámaras de gas».

Dios salve a Israel y al mundo.

<h1 style="text-align:center">OBRAS DE LA AUTORA</h1>

2024 (enero). *La vie intense.* Éditions La Part Commune.

2023. *En La Habana nunca hace frío.* Novela. Editorial Berenice, España.

2023. *A Greek Love.* Arcade Publishing. NY. Estados Unidos.

2023. *La intensa vida.* Memorias. Editorial Berenice, España.

2023. *Les filles dorment de l'autre côté.* Jacques Flament Éditions.

2022. *Paul.* Éditions Arthaud-Flammarion.

2021. *Las niñas duermen del otro lado.* Editorial La Gota de Agua. Filadelfia, Estados Unidos.

2021. *Poemas del amor indócil.* Editorial Berenice, España.

2021. *Les muses ne dorment pas.* Série Une nuit au Musée. Éditions Stock. Francia.

2021. *Un amor grec.* Éditions Arthaud-Flammarion.

2020. *Pájaro lindo de la madrugá,* Novela. Editorial Algaida.

2019. *El beso de la extranjera. Monumento porno-existencial al amor.* Poesía, Editorial Verbum, Arganda del Rey.

2020. *La Casa del Placer.* Novela. Premio Jaén de Novela. Editorial Almuzara, España.

2020. *Bel oiseau du petit matin.* Novela. Éditions de l'Observatoire, Francia.

2018. *Désiré Fe. Éditions Arthaud, Francia.*

2017. *La salvaje inocencia* (novela). Editorial Verbum, Arganda del Rey. España.

2017. *Et la terre de leur corps* (novela). RMN, París. Francia.

2016. *La noche al revés. Dos historias cubanas,* relatos. Stella Maris. Editada en Francia por Éditions Arthaud.

2016. *The Weeping Woman.* Arcade Publishing. Estados Unidos.

2015. *Douceur de la têmpete* (poesía, en francés). Éditart. Suiza.

2015. *La Habana, mon amour* (novela). Stella Maris, España. Editada en Francia por Éditions Arthaud.

2013. *La mujer que llora* (novela). Planeta, Barcelona, España. Premio Azorín de novela. Planeta. Editado en Francia por Éditions Arthaud.

2010. *El todo cotidiano* (novela). Planeta, Barcelona. España. Editado en Francia en edición especial aniversario por Jean-Claude Lattès.

2009. *Anatomía de la mirada* (poesía). Difácil, Valladolid. España.

2008. *La ficción Fidel* (ensayo novelado). Planeta, Barcelona. España. Editado en Francia por Gallimard (2009). Editado por Rayo, Harper Collins (2009).

2007. *La cazadora de astros* (novela). Plaza & Janés, Barcelona. Editada en Francia por Jean-Claude Lattès.

2006. *Bailar con la vida* (novela). Planeta, Barcelona, España. Editada en Francia por Gallimard.

2004. *La eternidad del instante* (novela). Plaza & Janés, Barcelona, España. Editada en Francia por Gallimard.

2004. *Los misterios de La Habana* (cuentos). Planeta, Barcelona

2003. *Luna en el cafetal* (cuento infantil). Everest, León. España.

2003. *Lobas de mar* (novela). Planeta, Barcelona, España.

2002. *Dear First Love.* Harper Collins, NY, Estados Unidos.

2002. *Breve beso de la espera* (poesía). Lumen, Barcelona. España.

2002. *Miracle á Miami.* Gallimard. Francia.

2001. *Milagro en Miami* (novela). Planeta, Barcelona, España.

2001. El pie de mi padre (novela). Planeta, España.

2000. *Le pied de mon père* (novela). Gallimard, París, Francia.

1999. *Querido primer novio* (novela). Planeta, Barcelona. España.

1999. *Los aretes de la luna* (infantil). Everest, León. España.

1999. *Cuerdas para el lince* (poesía). Lumen, Barcelona. España.

1998. *Traficantes de belleza* (cuentos). Planeta, Barcelona. España.

1997. *Café Nostalgia* (novela). Planeta, Barcelona, España.

1997. *Los poemas de la Habana* (poesía). Antoine Soriano

1996. *Te di la vida entera* (novela). Planeta. España. Publicada en Estados Unidos por Arcade Publishing, 2005.

1996. *Cólera de ángeles* (novela). Ediciones Textuel. Francia. Publicado por Lumen, Barcelona, España, 2005.

1996. *Vagón para fumadores* (poesía). Lumen, Barcelona, España.

1995. *La nada cotidiana* (novela). Actes-Sud, París, Francia (*Le Néant Quotidien*). Emecé, España, 1996. *Yocandra in the Paradise of Nada*, Arcade Publishing, 1998, Estados Unidos.

1995. *La hija del embajador* (novela). Bitzoc, España.

1993. *Sangre azul* (novela). Letras Cubanas, La Habana, Cuba. Emecé, España (1996).

1986. *Todo para una sombra* (poesía). Taifa, Barcelona, España.

1986. *Respuestas para vivir* (poesía). Letras Cubanas, La Habana, Cuba.

La obra de Zoé Valdés está traducida a 43 idiomas; solo se han destacado las publicaciones en español, francés e inglés.

GUIONES Y TEXTOS CINEMATOGRÁFICOS

Vidas paralelas, largometraje de ficción. Guión.

Amorosa, largometraje de ficción. Guión.

Desequilibrio, largometraje de ficción. Guión (inédito).

Cantata, videoarte. Teatro, ópera.

Profecía, largometraje de ficción. Guión (inédito).

Espiral, documental sobre Alicia Alonso, ballet. Guión y poema.

Yalodde, poema videoarte. Poema y producción.

Fiel Castro. Producción.

15 vídeos de pintores cubanos. Un pintor, un cuadro. Producción.

PREMIOS Y RECONOCIMIENTOS

1982 - Premio de Poesía Roque Dalton y Jaime Suárez Quemain por *Respuestas para vivir* (México).

1985 - Accésit al Premio Carlos Ortiz de Poesía por *Todo para una sombra*.

1990 - Premio Coral al mejor guion cinematográfico inédito por *Vidas paralelas* en el XII Festival Internacional del Nuevo Cine Latinoamericano.

1995 - Premio de Novela Breve Juan March Cencillo por *La hija del embajador*.

1996 - Finalista del Premio Planeta con *Te di la vida entera*.

1997 - Premio Liberaturpreiss (Fráncfort del Meno) por *La nada cotidiana*.

1999 - Caballero de las Artes y las Letras (Francia).

2003 - Premio Fernando Lara de Novela por *Lobas de mar*.

2004 - Premio de Novela Ciudad de Torrevieja por *La eternidad del instante*.

2007 - Premio Carbet des Lycéens por *La eternidad del instante*.

2008 - Premio Emilia Bernal por su obra literaria.

2012 - Medaille de Vermeil de la Ville de París, Francia. Premio Asopazco por los DD. HH. en Madrid, España.

2013 - Premio Azorín por *La mujer que llora*.

2019 - Premio Jaén de novela por *La casa del placer.*

2019 - Premio Alegría de Vivir, España.

2021 - Premio de Honor Excelencia Educativa a la Mejor Escritora Hispana. (España, 2021).

2022 - Premio Carlos Victoria por el conjunto de su obra novelística. Editorial El Ateje, Miami.